AF523709

Fröhliche WEIHNACHT überall

Das Weihnachtsbuch
für die ganze Familie

Kaufmann

Bibliografische Information der Deutschen Bibliothek
Die Deutsche Bibliothek verzeichnet diese Publikation in der Deutschen Nationalbibliografie; detaillierte bibliografische Daten sind im Internet über http://dnb.ddb.de abrufbar.

2. Auflage 2022

Konzept: Katharina Mauder
Illustrationen: Stefan Horst und Elke Junker
Gestaltung: Katrin Kleinschrot und Karin Hauptmann

Druck und Bindung: ADverts Printing House

ISBN 978-3-7806-6452-5

Inhaltsverzeichnis

Draußen tanzen weiße Flocken

Wenn es Winter wird

Zeit des Wartens und des Hoffens

Advent, Advent

Apfel, Nuss und Mandelkern

Sankt Nikolaus kommt

Tannenduft und Kerzenschein

Zeit für stille Stunden

Bald, ganz bald ...

Letzte Vorbereitungen im Familientrubel

Alle Jahre wieder ...

Das Weihnachtsfest

Draußen tanzen weiße Flocken

Wenn es Winter wird

Wenn es Winter wird

Christian Morgenstern

Der See hat eine Haut bekommen,
sodass man fast drauf gehen kann,
und kommt ein großer Fisch geschwommen,
so stößt er mit der Nase an.
Und nimmst du einen Kieselstein
und wirfst ihn drauf, so macht es klirr
und titscher – titscher – titscher – dir …
Heißa, du lustiger Kieselstein!
Er zwitschert wie ein Vögelein
und tut als wie ein Schwälblein fliegen –
doch endlich bleibt mein Kieselstein
ganz weit, ganz weit auf dem See draußen liegen.
Da kommen die Fische haufenweis
und schaun durch das klare Fenster von Eis
und denken, der Stein wär etwas zum Essen;
doch sosehr sie die Nase ans Eis auch pressen,
das Eis ist zu dick, das Eis ist zu alt,
sie machen sich nur die Nasen kalt.
Aber bald, aber bald
werden wir selbst auf eignen Sohlen
hinausgehn können und den Stein wiederholen.

Schneeflöckchen, Weißröckchen

Text: nach Hedwig Haberkern – Melodie: Volksweise

2. Komm, setz dich ans Fenster,
du lieblicher Stern,
malst Blumen und Blätter,
wir haben dich gern.

3. Schneeflöckchen, du deckst uns
die Blümelein zu,
damit schlafen sie sicher
in himmlischer Ruh'.

4. Schneeflöckchen, Weißröckchen,
komm zu uns ins Tal,
dann bau'n wir den Schneemann
und werfen den Ball.

Sankt Martin

Volkslied vom Niederrhein

2. Im Schnee saß, im Schnee saß,
Im Schnee, da saß ein armer Mann,
Hatt' Kleider nicht, hatt' Lumpen an.
„O helft mir doch in meiner Not,
Sonst ist der bittre Frost mein Tod!"

3. Sankt Martin, Sankt Martin,
Sankt Martin zog die Zügel an,
Sein Ross stand still beim armen Mann.
Sankt Martin mit dem Schwerte teilt'
Den warmen Mantel unverweilt.

4. Sankt Martin, Sankt Martin,
Sankt Martin gab den halben still.
Der Bettler rasch ihm danken will.
Sankt Martin aber ritt in Eil'
Hinweg mit seinem Mantelteil.

Der heilige Martin

Der barmherzige Soldat

Am 11. November finden überall im Land die Sankt-Martins-Umzüge statt. Die vielen Kinder, die mit ihren Laternen mitlaufen, singen Lieder, essen Weckmänner und wärmen sich an einem großen Feuer, dem Martinsfeuer. Doch wer war der Heilige, zu dessen Ehren wir das alles veranstalten?
Martin von Tours lebte im 4. Jahrhundert in Italien und Frankreich und war römischer Soldat. Eines Tages begegnete er auf seinem Weg einem unbekleideten Bettler. Weil Martin nichts bei sich hatte als sein Pferd, seine Waffen und seinen Militärumhang, teilte er kurzerhand seinen Mantel mit dem Schwert und gab dem Bettler eine Hälfte. Diese berühmte barmherzige Geste wird bei den Sankt-Martins-Umzügen oft nachgestellt.
Wegen seines Glaubens beendete Martin schließlich seine Militärlaufbahn und wurde zum Mönch in der französischen Stadt Tours. Einer Legende zufolge wollte die Bevölkerung der Stadt ihn später zum Bischof ernennen. Weil Martin sich dieser wichtigen Aufgabe nicht würdig empfand, versteckte er sich in einem Gänsestall. Doch die Tiere machten einen solchen Lärm, dass Martin entdeckt und der Bischof von Tours wurde. Aus diesem Grund lassen wir uns im November auch oft eine Martinsgans schmecken.

Wir basteln eine Martins-Laterne

Material
schwarze Pappe
buntes Transparentpapier
Schere oder Bastelmesser
Klebstoff, evtl. Tacker
Klebeband
Draht
Laternenstab

So wird's gemacht

1. Einen Bogen schwarze Pappe etwa auf die Maße 20 x 60 cm zuschneiden.
2. In diese Pappe möglichst viele schöne Formen und Figuren schneiden. Dabei sind der Fantasie keine Grenzen gesetzt. Die Formen sollten ausreichend Abstand zueinander haben, doch je mehr man ausschneidet, desto heller leuchtet die Laterne später.
3. All diese „Löcher" auf der Rückseite mit buntem Transparentpapier bekleben.
4. Nun den Pappbogen zu einer Röhre formen und zusammenkleben oder tackern. (Die Seite mit dem überstehenden Transparentpapier muss natürlich nach innen.)
5. Ebenfalls aus schwarzem Karton einen runden Boden für die Laterne ausschneiden und mit festem Klebeband von innen unten an die Röhrenlaterne kleben.
6. Am oberen Rand der Laterne gegenüberliegend zwei kleine Löcher in die Pappe schneiden, eine große Drahtschlaufe durchziehen und festdrehen.
7. An dieser Aufhängung einen Laternenstab befestigen – und fertig ist die Martins-Laterne!

Ich geh mit meiner Laterne

Volkslied aus Holstein

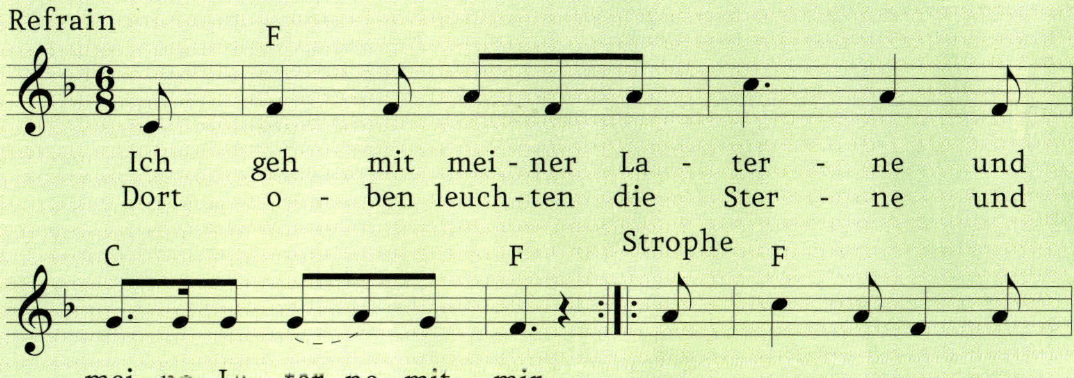

2. *Ich geh mit meiner Laterne …*
   Mein Licht ist an, ich geh voran. Rabimmel …

3. *Ich geh mit meiner Laterne …*
   Ein Lichtermeer zu Martins Ehr. Rabimmel …

4. *Ich geh mit meiner Laterne …*
   Der Martinsmann, der zieht voran. Rabimmel …

5. *Ich geh mit meiner Laterne …*
   Mein Licht ist schön, könnt ihr es sehn? Rabimmel …

6. *Ich geh mit meiner Laterne …*
   Laternenlicht, verlösch mir nicht. Rabimmel …

7. *Ich geh mit meiner Laterne …*
   Ich trag mein Licht und fürcht mich nicht. Rabimmel …

8. *Ich geh mit meiner Laterne …*
   Mein Licht ist aus, wir gehn nach Haus. Rabimmel …

Weckmänner

für ca. 4 Stück

Zutaten

250 g Magerquark
150 ml Milch
150 ml Öl
90 g Zucker
2 Pck. Vanillezucker
Salz
abgeriebene Zitronenschale

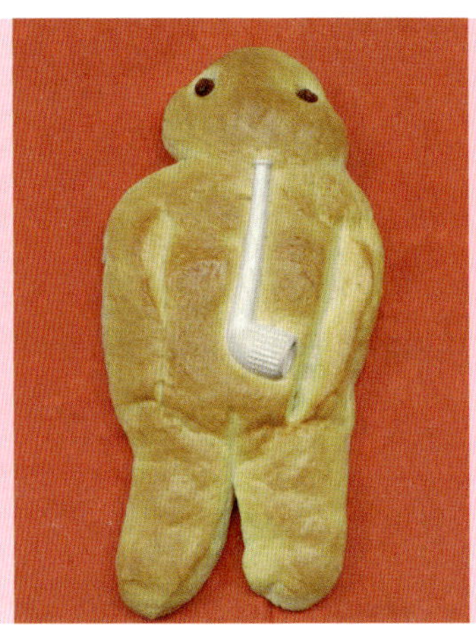

450 g Mehl
Rosinen zum Verzieren
evtl. Tonpfeifchen
1 Eigelb
Kondensmilch

Zubereitung

1. Quark, Milch, Öl, Zucker, Vanillezucker, Salz und die abgeriebene Zitronenschale gut miteinander verrühren. Anschließend das Mehl mit dem Backpulver unterrühren. Am Schluss mit den Händen glatt kneten, bis der Teig nicht mehr klebt.
2. Den Teig vierteln und längliche Würste formen. Diese flach drücken und an einem Ende einen Kopf formen. Für die Beine den Teig unten einschneiden, für die Arme entsprechend an den Seiten. Arme und Beine in Form drücken und ein bisschen spreizen.
3. Mit Rosinen das Gesicht und eventuell Knöpfe oder auch ein Tonpfeifchen in den Körper tief eindrücken. Ein Eigelb mit etwas Kondensmilch verrühren und die Weckmänner gut damit einpinseln.
4. Immer zwei Weckmänner auf ein mit Backpapier ausgelegtes Backblech legen und bei ca. 200 °C auf der mittleren Backofenschiene etwa 10 bis 15 Minuten backen, bis die Männchen goldgelb sind.
5. Nach dem Backen die Weckmänner gut auskühlen lassen. Guten Appetit!

Tipp

Am gleichen Tag essen oder an einem kühlen Platz in Gefrierbeuteln aufbewahren, damit die Weckmänner möglichst frisch bleiben.

Eis und Schnee

Der Zauber des Winters

Jedes Jahr können wir es kaum erwarten, bis der Winter wieder seinen Zauber vollzieht. Denn wenn es endlich kalt genug ist, wird das Wasser fest, und es gibt an dünnen Fenstern Eisblumen zu bewundern, die Seen frieren zu, es wachsen Eiszapfen, und mit etwas Glück schneit es!

Das alles sieht wunderschön aus, aber leider können wir es nicht einfach aufbewahren. Denn sobald es zu warm wird, schmilzt die ganze Pracht wieder zu herkömmlichem Wasser. Demgegenüber ist es gar nicht so einfach zu verstehen, wie genau Schnee und Hagel sich überhaupt bilden. Man kann grob sagen, dass Schnee entsteht, wenn der Wasserdampf in lockeren Wolken gefriert, und dass Hagel entsteht, wenn das bereits zu Regentropfen zusammengetroffene Wasser in prallen Wolken gefriert. Aber leider lässt es sich selbst mit diesem Wissen nicht beschleunigen, bis es endlich zum ersten Mal schneit!

Übrigens: Der Schnee, der heute fällt, besteht immer noch aus genau demselben Wasser wie der Schnee, der vor Millionen von Jahren auf die Dinosaurier fiel. Wenn man allerdings darüber nachdenkt, wie oft das Wasser seitdem gefroren und wieder aufgetaut ist, wie viele Pflanzen es genährt hat und von wie vielen Menschen es getrunken wurde, kann einem genauso schwindelig werden wie bei einem richtig wilden Schneetanz!

Wir basteln ein Milchtüten-Vogelhäuschen

Material

ein Tetra-Pack, z. B. eine Milchtüte
Draht
scharfes Messer oder Schere
Vogelfutter

So wird's gemacht

1. Zunächst in die untere Hälfte der Milchtüte vorne ein Fenster schneiden.
2. Die Ränder des Fensters nach unten hin noch ca. einen Zentimeter einschneiden und den „Landesteg“ nach vorne knicken.
3. Oben in die die Milchtüte ein kleines Loch bohren, den Draht hindurchfädeln und eine Drahtschlaufe drehen. So kann das Milchtüten-Vogelhäuschen ganz einfach in einen Baum gehängt werden!
4. Vorher aber natürlich noch Vogelfutter durch das Fenster in das Häuschen füllen. Wer kein fertiges kaufen will, kann auch Vollkornhaferflocken und Weizenkleie mit etwas Sonnenblumenöl mischen und so ganz leicht ein nahrhaftes Wildvogelfutter herstellen.

Schnee-Spiele

Spaß im Winterwunderland

Jeder weiß, dass Schlittenfahren jede Menge Spaß macht. Aber genauso kann man mit einem großen Schwimmreifen oder sogar nur mit einer Luftpolster-Folie den Schneeberg runterrutschen. Aber Achtung – das kann ganz schön rasant werden!

Der Klassiker unter den Schneebauten ist natürlich der Schneemann. Auch an einem Iglu haben sich manche schon versucht. Aber wie wäre es mal mit einer Schneeburg ähnlich einer Sandburg oder gar einer Murmelbahn? Und wieso nicht mal eine Schneefrau, Schneetiere oder gar Schneemonster bauen? Ihr könnt auch einen Wettbewerb machen, wer das gruseligste Schneeungeheuer bauen kann. Lasst eurer Fantasie einfach freien Lauf!

Sehr beliebt sind auch Schneeengel. Dazu legt ihr euch im möglichst frischen Schnee auf den Rücken, bewegt die Arme hoch und runter und die Beine weit auseinander und wieder zusammen. Wenn ihr nun vorsichtig aufsteht, bleibt ihm Schnee der Abdruck eines Engels in seinem Engelskleid und mit großen Flügeln zurück.

Schneeballschlachten machen immer besonders viel Spaß. Etwas ruhigere Varianten sind Spiele, wer mit seinem Schneeball am weitesten werfen kann oder wer ein Ziel am besten trifft. Ihr könnt z. B. auch Dosenwerfen, mit sehr kleinen Schneebällen eine Eierlauf-Staffel oder mit sehr großen Schneebällen Hürdenspringen spielen.

Im Schnee hinterlassen wir Spuren. Habt ihr schon einmal versucht, Tiere im Wald an ihren Fährten zu erkennen? Ihr könnt auch selbst eine Form in den Schnee stapfen und die anderen müssen möglichst schnell erraten, was es ist. Spannend ist auch, wenn einer einen Ball, einen Puppenwagen oder ein Spielzeugauto durch den Schnee rollt und die anderen herausfinden müssen, welches Spielzeug da seine Spuren hinterlassen hat.

Wenn es richtig kalt draußen ist, könnt ihr auch ausprobieren, was mit frisch gepusteten Seifenblasen passiert … Viel Spaß dabei – die Möglichkeiten im Schnee sind grenzenlos!

Der Schneemann

Hans Christian Andersen

Es ist so wunderbar kalt, dass mein ganzer Körper kracht und knackt!", sagte der Schneemann. „Der Wind kann einem wirklich Leben einpusten! Und wie die Glühende da oben glotzt!" – Es war die Sonne, die er meinte. Sie war gerade im Begriff unterzugehen. „Sie wird mich nicht dazu bringen, dass ich blinzle, ich werde meine Stückchen schon noch festhalten."

Er hatte nämlich zwei große, dreieckige Ziegelsteinstücke als Augen. Der Mund war ein Stück von einer alten Harke, sodass er sogar Zähne hatte.

Er war unter Hurrarufen von den Jungen in die Welt gesetzt, vom Schellenklang und Peitschenknallen der Schlitten begrüßt worden.

Die Sonne ging unter, der Vollmond ging auf, rund und groß, hell und herrlich in der blauen Luft.

„Da ist sie wieder aus der anderen Ecke", sagte der Schneemann. Er meinte, es wäre die Sonne, die wieder zum Vorschein käme. „Ich habe ihr

das Glotzen abgewöhnt! Nun kann sie ruhig da hängen und leuchten, damit ich mich selber sehen kann. Wenn ich doch nur wüsste, wie man es anstellt, von der Stelle zu kommen! Ich möchte mich so gern bewegen! Wenn ich das könnte, würde ich jetzt aufs Eis hinunterlaufen und schlittern, wie ich es bei den Jungen gesehen habe. Aber ich weiß nicht, wie man läuft."

„Wäg! Wäg!", kläffte der alte Kettenhund. Er war ein bisschen heiser und konnte nicht mehr ‚Wau! Wau!' bellen. Heiser war er allerdings auch schon als Stubenhund gewesen, als er noch unterm Ofen lag. „Die Sonne wird dir das Laufen schon beibringen! Das hab ich letztes Jahr bei deinem Vorgänger gesehen und bei seinem Vorgänger davor: Wäg! Wäg! und weg sind sie alle."

„Ich verstehe dich nicht, Kamerad!", sagte der Schneemann. „Die dort oben soll mich laufen lehren?" Er meinte den Mond. „Ja, tatsächlich! Sie lief ja vorhin weg, als ich sie fest ansah. Und nun schleicht sie von der anderen Seite heran."

„Du weißt auch gar nichts!", sagte der Kettenhund. „Aber du bist ja auch eben erst zusammengeklatscht worden. Der, den du jetzt siehst, heißt Mond. Die, die vorhin fortging, war die Sonne. Sie kommt morgen wieder und wird dich schon lehren, in den Wallgraben hinabzulaufen. Wir bekommen bald anderes Wetter, das spüre ich in meinem linken Hinterbein. Es sticht und schmerzt darin – ja, das Wetter schlägt um!"

„Ich versteh ihn nicht", sagte der Schneemann. „Aber ich habe das Gefühl, als wäre es etwas Unangenehmes, was er sagt. Die da vorhin glotzte und wegging und die er die Sonne nennt, die ist auch nicht meine Freundin, das habe ich im Gefühl."

„Wäg! Wäg!", bellte der Kettenhund, ging dreimal um sich selbst herum und legte sich dann in seine Hütte, um zu schlafen.

Das Wetter änderte sich wirklich. Dicker, feuchter Nebel lag gegen Morgen über der ganzen Gegend. In der Morgendämmerung begann ein so eisiger Wind zu wehen, dass der Frost einen recht packte. Doch was für ein Anblick das war, als die Sonne aufging! Bäume und Büsche waren mit Raureif bedeckt. Es sah aus wie ein Wald von weißen Korallen. Es war, als ob alle Zweige mit strahlend weißen Blüten übersät wären. Die unendlich vielen und feinen Verästelungen, die man im Sommer unter all den Blättern nicht sieht, kamen nun alle einzeln hervor. Es war ein Spitzengewebe und so strahlend weiß, als ströme ein Leuchten aus jedem Zweige. Die Hängebirke bewegte sich im Winde, es war Leben in ihr wie in allen Bäumen zur Sommerzeit. Es war eine unvergleichliche Pracht!

Und als die Sonne schien, nein, wie funkelte das Ganze, als ob es mit Diamantstaub überpudert wäre, und auf der Schneedecke auf der Erde glitzerten große Diamanten. Oder man konnte auch meinen, dass dort unzählige kleine Lichter brannten, weißer noch als der weiße Schnee.

„Wie schön!", sagte ein junges Mädchen, das mit einem jungen Mann in den Garten trat und gerade beim Schneemann stehen blieb, wo sie die schimmernden Bäume betrachteten. „Einen schöneren Anblick hat man selbst im Sommer nicht!", sagte sie, und ihre Augen strahlten.

„Und so einen Kerl wie diesen hier hat man im Sommer erst recht nicht", sagte der junge Mann und zeigte auf den Schneemann. „Er ist ausgezeichnet!"

Das junge Mädchen lachte, nickte dem Schneemann zu und tanzte mit ihrem Freunde über den Schnee dahin, der unter ihnen kräftig knirschte.

„Wer waren die beiden?", fragte der Schneemann den Kettenhund. „Du bist länger auf dem Hofe als ich. Kennst du sie?"

„Ob ich sie kenne?", antwortete der Kettenhund. „Sie hat mich ja gestreichelt, und er hat mir einen Knochen gegeben. Die beiße ich nicht! Das sind Brrrrautleute!", sagte der Kettenhund. „Sie werden in eine Hütte ziehen und zusammen am Knochen nagen. Wäg! Wäg!"

„Sind die beiden denn genauso feine Leute wie du und ich?", fragte der Schneemann.

„Aber sie gehören doch zur Herrschaft!", fuhr der Kettenhund hoch. „Man weiß tatsächlich sehr wenig, wenn man von gestern ist. Das merke ich an dir. Ich bin alt und erfahren. Ich kenne alle hier im Haus! Und ich habe eine Zeit

gekannt, da lag ich nicht hier in der Kälte und an der Kette. Wäg! Wäg!“

„Die Kälte ist herrlich!“, sagte der Schneemann. „Erzähle, erzähle! Aber du darfst nicht mit der Kette rasseln, sonst knackt es nämlich in mir.“

„Wäg! Wäg!“, kläffte der Kettenhund. „Ein Welpe bin ich gewesen; klein und niedlich, sagte man. Da lag ich dort im Herrenhaus auf einem Plüschsessel, lag auf dem Schoß der höchsten Herrschaft, wurde auf die Schnauze geküsst und meine Pfoten wurden mit einem gestickten Taschentuch abgewischt. Ich hieß ‚der Süßeste‘ und ‚Wackelbeinchen‘. Aber dann wurde ich ihnen zu groß und sie verschenkten mich an die Haushälterin. Ich kam in den Keller hinunter! Du kannst von dem Platz, wo du stehst, da reingucken. Du kannst in die Kammer gucken, wo ich Herrschaft gewesen bin, denn das war ich bei der Haushälterin. Es war zwar ein geringerer Ort als oben, aber es war gemütlicher. Ich wurde nicht ständig von Kindern gedrückt und herumgeschleppt wie oben. Ich hatte ebenso gutes Futter wie früher, aber viel mehr! Ich hatte mein eigenes Kissen, und ein Ofen war da! Der ist um diese Zeit das Schönste auf der Welt! Ich kroch darunter, bis ich nicht mehr zu sehen war. Oh, von diesem Ofen träume ich noch heute. Wäg! Wäg!“

„Sieht ein Ofen denn so schön aus?“, fragte der Schneemann. „Sieht er mir ähnlich?“

„Der ist genau das Gegenteil von dir! Kohlrabenschwarz ist er! Hat einen langen Hals mit Messingtrommel. Der frisst Holz, sodass ihm das Feuer aus

dem Schlund sprüht. Man muss dicht bei ihm bleiben, ganz dicht bei ihm und unter ihm, das ist besonders angenehm! Du müsstest ihn durchs Fenster sehen können von dort, wo du stehst!"

Und der Schneemann guckte, und tatsächlich sah er einen schwarz polierten Gegenstand mit Messingtrommel. Das Feuer glänzte unten heraus. Dem Schneemann wurde ganz sonderbar zumute. Ihn überkam ein Gefühl, er wusste selbst nicht was für eines. Er kannte es nicht, auch wenn alle Menschen es kennen, sofern sie nicht Schneemänner sind.

„Und weshalb hast du sie verlassen?", fragte der Schneemann. Er fühlte, es musste ein weibliches Wesen sein. „Wie konntest du einen solchen Ort verlassen?"

„Dazu war ich wohl gezwungen", sagte der Kettenhund. „Sie haben mich rausgeschmissen und hier an die Kette gelegt. Ich habe den jüngsten Herrn ins Bein gebissen. Er hatte den Knochen weggestoßen, an dem ich nagte. Knochen um Knochen, so halte ich es! Das haben sie mir aber übel genommen, und seit dieser Zeit liege ich an der Kette und habe meine klare Stimme eingebüßt. Hör nur, wie heiser ich bin: Wäg! Wäg! Ja, das ist meine Geschichte."

Der Schneemann hörte aber schon nicht mehr zu. Er schaute noch immer in die Kellerwohnung der Haushälterin hinein, bis in die Stube, wo der Ofen auf seinen vier eisernen Beinen stand, ebenso groß wie der Schneemann selber.

„Es knarrt so sonderbar in mir", sagte er. „Ob ich denn nie da hineinkommen kann? Es ist ein harmloser Wunsch, und unsere harmlosen Wünsche müssten doch eigentlich erfüllt werden. Es ist mein höchster Wunsch, mein einziger Wunsch, und es wäre fast ungerecht, wenn er nicht befriedigt werden würde. Ich muss hinein, ich muss mich an ihn anlehnen, und wenn ich auch das Fenster einschlagen sollte."

„Da kommst du nie hinein", sagte der Kettenhund. „Und kommst du an den Ofen, dann bist du weg! Wäg! Wäg!"

„Ich bin schon so gut wie weg", sagte der Schneemann. „Ich glaube, ich breche entzwei!"

Den ganzen Tag über stand der Schneemann da und schaute in das Fenster hinein. In der Dämmerstunde sah die Stube noch einladender aus. Vom Ofen her leuchtete es so freundlich, wie nicht einmal der Mond glänzt und auch die Sonne nicht, nein, wie nur ein Ofen glänzen kann, wenn etwas in ihm ist! Sobald die Tür aufging, züngelte die Flamme heraus, das war eine Angewohnheit des Ofens. Dann glühte es ordentlich rot in des Schneemanns weißem Gesicht und bis zu seinem Herzen hin.

„Ich kann es nicht aushalten", sagte er. „Wie gut es ihr steht, wenn sie die Zunge herausstreckt!"

Die Nacht war sehr lang, aber nicht für den Schneemann. Er stand in seine eigenen schönen Gedanken versunken, und die froren, dass sie ächzten und knackten.

Am nächsten Morgen waren die Kellerfenster zugefroren. Sie trugen die schönsten Eisblumen, die ein Schneemann nur verlangen konnte, aber sie verbargen den Ofen. Die Scheiben wollten nicht auftauen, und so konnte er sie, die er liebte, nicht sehen. Es ächzte, es knirschte, es war genau so ein Frostwetter, wie es einem Schneemann Freude machen musste. Aber er war nicht froh. Wie hätte er sich auch glücklich fühlen können – er hatte Ofensehnsucht.

„Das ist eine schlimme Krankheit für einen Schneemann", sagte der Kettenhund. „Ich hatte diese Seuche auch ein wenig, aber ich habe sie überstanden. Wäg! Wäg! Wir kriegen anderes Wetter."

Und es kam anderes Wetter. Es begann zu tauen.

Das Tauwetter nahm zu, der Schneemann nahm ab. Er sagte nichts, er klagte nicht, und das ist das richtige Zeichen.

Eines Morgens stürzte er zusammen. Dort, wo er gestanden hatte, stak so etwas wie ein Besenstiel. Um den herum hatten die Jungen ihn aufgebaut.

„Jetzt kann ich das mit seiner Sehnsucht verstehen", sagte der Kettenhund. „Der Schneemann hat einen Schürhaken im Leibe gehabt. Der war es, der den Aufruhr in ihm verursacht hat. Aber jetzt ist es überstanden. Wäg! Wäg!"

Und bald war auch der Winter überstanden …

Dann denkt keiner mehr an den Schneemann.

Kufenzauber mit Knacks

Nina Hundertschnee

Frau Knacks war schon immer etwas anders als die anderen Hühner im Stall gewesen. Während sich Frau Sturzflug, Frau Knickebein und Frau Schnappschnabel zu Weihnachten einfach nur wünschten, nicht im Kochtopf zu landen, dachte Frau Knacks nur an eines: eislaufen!

„Einmal über den Ententeich schlittern – das ist mein größter Weihnachtswunsch", sagte sie und seufzte.

„Jetzt ist sie völlig übergeschnappt", gackerte Frau Knickebein. „Ein Huhn auf dem Eis, wo gibt es denn so was?"

„Ich sag doch schon immer, dass nicht nur ihre Eier einen Knacks haben", krähte Frau Sonntagsimmerzwei.

Doch Frau Knacks war es völlig egal, was die anderen Hühner von ihr dachten. Alles, was sie wollte, war ein Paar Schlittschuhe.

Als der Weihnachtsmann die Wunschzettel sortierte, da konnte er nicht glauben, was sich dieses verrückte Huhn von ihm wünschte. Er hielt es für einen Scherz, und so war von Schlittschuhen unter dem Weihnachtsbaum dann auch weit und breit nichts zu sehen.

„Fröhliche Einachten!", krähte Herr Blindpicker, der Hahn, und alle Hühner waren glücklich, an diesem Tag lebend im Stall sitzen zu können.

Nur Frau Knacks war am Boden zerstört. Ein ganz normales Leben auf der Stange – dafür war sie einfach nicht gemacht. „Ich bin eine Eistänzerin", gackerte sie leise. „Ich will wilde Pirouetten drehen und waghalsige Sprünge springen!"

Frau Knacks war vielleicht ein wenig verrückt, aber dumm war sie nicht. Im Gegenteil, sie war ziemlich schlau. Was der Weihnachtsmann nicht auf die Reihe brachte, das musste Frau Knacks halt selbst erledigen. Nachts im Traum schmiedete sie einen Plan …

Am nächsten Morgen, kurz vor Sonnenaufgang, als der ganze Hof noch schlief, schlich sie sich aus dem Hühnerstall in die Küche des Bauern. Sie nahm sich zwei Gabeln und ein Stück Geschenkband und schnallte sich die Gabeln unter ihre Hühnerfüße. Etwas tollpatschig, aber ihr Ziel immer vor Augen, stakste sie vom Hof in Richtung Ententeich. Der Fuchs, der gerade auf der Suche nach einem Weihnachtsfrühstück war, rieb sich die Augen, als Frau Knacks an ihm vorbeimarschierte. Er beschloss sehr schnell, dass es vielleicht besser für ihn sei, wieder im Bau zu verschwinden. Denn auch der Fuchs ahnte: Ein Huhn mit Knacks kann nichts und niemand aufhalten!

Der Ententeich lag friedlich und zugefroren da und glitzerte und funkelte im frühen Morgenlicht. Frau Knacks machte vor Begeisterung einen Freudensprung. Dabei vergaß sie jedoch die Gabeln an ihren Füßen und das knisternde Eis unter ihnen. Sie rutschte aus und schlitterte einmal quer über den Teich. Dann ruderte sie mit ihren Flügeln in der Luft herum und bekam gerade noch einmal die Kurve. Links, rechts, Eierwalzer, Sprung – Frau Knacks schwebte im siebten Hühnerhimmel, als sie auf dem Eis Kunststücke vollführte. So etwas Schönes und Aufregendes konnte sie auf dem Hof nicht erleben.

Die Federn flogen durch die Luft, als Frau Knacks einen doppelten Gabelstapler auf das Eis legte. Bei der eingepickten Schnabelpirouette wurde ihr ein klein wenig schwindelig. Sie musste anhalten und die Augen schließen. Als sie diese wieder öffnete, stand eine Gruppe Enten mit offenen Schnäbeln vor ihr. „Das war noch nicht alles!", gackerte Frau Knacks und lief zum dreifachen Eierbecher an. Sie drehte sich dreimal in der Luft und landete im Spagat. Das Publikum tobte. Frau Plattwatschel rief: „Ich auch, ich auch!" Und da Frau Knacks nicht nur einen kleinen Knacks sondern auch ein großes Herz hatte, gab sie Frau Plattwatschel ihre Schlittschuhe. Alle anderen sahen erstaunt zu, wie die sonst so ungeschickte Frau Plattwatschel einen doppelten Plattwatschel auf das Eis zauberte.

Plötzlich hörte man ein lautes „Kikeriki!" vom Hof her, und das bedeutete, es war Zeit zurückzukehren. Doch als Frau Knacks sich bewegen wollte, da konnte sie es nicht – sie war am Ententeich festgefroren! Die Enten quakten laut durcheinander und niemand wusste, wie man helfen konnte.

Nun war dieses Huhn in einer dummen Situation, doch dumm war Frau Knacks deshalb noch lange nicht. Im Gegenteil, sie war ziemlich schlau. „Her mit den Gabeln!“, krähte sie.

Frau Plattwatschel kam herangewatschelt, und dann half sie Frau Knacks dabei, mit den beiden Gabeln zwei Kreise auszustechen – einen um jeden Hühnerfuß.

Nach einer Weile war Frau Knacks wieder frei. Allerdings sah sie mit zwei Eisblöcken unter den Füßen schon etwas merkwürdig aus. Ein letztes Mal wandte sie sich ihrem Publikum zu: „Ich komme, sobald es geht, wieder. Und dann zeige ich euch den eingeflogenen Hackenzacken!“ Mit diesen Worten schnappte sich Frau Knacks die Gabeln und stapfte auf den Eisblöcken zurück nach Hause.

Dort angekommen gab es ein großes Geschrei. „Wir dachten, du wolltest eislaufen und nicht mit Eis unter den Füßen laufen!“, gackerte Frau Knickebein.

Da begann Frau Knacks, von ihren wundervollen Kunststücken auf dem Eis zu erzählen. Im Hühnerstall herrschte eine Stille, wie sie nur sehr, sehr selten vorkam. „Man fühlt sich so frei, als wäre man gerade frisch aus dem Ei geschlüpft“, sagte Frau Knacks, und ihre Hühneraugen leuchteten.

Auf einmal wollte der ganze Hühnerstall aufs Eis. Und Herr Blindpicker rief: „Ich krähe euch eine Kürmusik!“

Als der Bauer an diesem Morgen des ersten Weihnachtstags frühstücken und das Besteck aus der Schublade nehmen wollte, wunderte er sich – es gab keine einzige Gabel mehr. So leer wie die Schublade war, so leer war auch der Hühnerstall. Fast alle Hühner waren ausgeflogen und schlitterten auf dem Ententeich herum. „Fröhliche Einachten!“ hörte man sie von weit her krähen.

Frau Knickebein drehte eine Pirouette nach der anderen, Frau Sturzflug übte den doppelten Eierbecher, und Frau Sonntagsimmerzwei wirbelte wie ein wildes Huhn über den Teich. Nur Frau Knacks hatte für diesen Tag genug vom Eislaufen. Müde aber überglücklich saß sie in ihrem Nest und brütete schon das nächste Abenteuer aus.

Christstollen

für 3 Stollen

Zutaten

35 g Orangeat
35 g Zitronat
300 g Rosinen
abgeriebene Zitronenschale
50 g Mandelstifte
60 ml Rum
40 g frische Hefe
200 g Zucker
85 ml Milch

500 g Mehl
370 g Butter
½ TL Salz
3 Pck. Vanillezucker
Puderzucker zum Bestäuben

Zubereitung

1. Orangeat, Zitronat, Rosinen, die abgeriebene Schale einer Zitrone und die Mandelstifte mit dem Rum mischen und abgedeckt über Nacht ziehen lassen.
2. Die Hefe zerbröseln und mit etwas Zucker und lauwarmer Milch mischen, mit Mehl bestäuben und an einem warmen Platz abgedeckt 30 Minuten gehen lassen.
3. Den Rest des Mehls sieben und 200 g Butter, 75 g Zucker, das Salz und die aufgegangene Hefe dazugeben. Nach und nach den Rest der Milch zugeben und alles sehr lange durchkneten, bis der Teig nicht mehr klebt. Anschließend das Rum-Frucht-Gemisch kurz unterkneten und das Ganze 30 Minuten zugedeckt ruhen lassen.
4. Den Teig nochmals kurz durchkneten und drei längliche Leibe formen. (Laufen im Ofen aber noch breit!) Die äußeren Rosinen vorsichtig unter die Oberfläche drücken.
5. Die Stollen auf ein mit Alufolie und Backpapier belegtes Blech legen und zugedeckt nochmals 30 Minuten gehen lassen. Dann bei 220 °C Ober-/Unterhitze ca. 45 Minuten backen. Sobald die Stollen braun werden, mit Alufolie zudecken.
6. Nach dem Backen sofort dick mit flüssiger Butter bestreichen. Ausgekühlt nochmals mit Butter bestreichen, den restlichen Zucker mit dem Vanillezucker vermischen und die Stollen damit bestreuen. Zuletzt dick mit Puderzucker bestäuben und in Alufolie einwickeln. Vor dem Verzehr mindestens drei Wochen kühl lagern.

Zeit des Wartens und des Hoffens

Advent, Advent

Wir sagen euch an …

Text: Maria Ferschl – Melodie: Heinrich Rohr

2. Wir sagen euch an den lieben Advent.
Sehet, die zweite Kerze brennt.
So nehmet euch eins um das andere an,
wie auch der Herr an uns getan!
Freut euch, ihr Christen …

3. Wir sagen euch an den lieben Advent.
Sehet, die dritte Kerze brennt.
Nun tragt eurer Güte hellen Schein
weit in die dunkle Welt hinein.
Freut euch, ihr Christen …

4. Wir sagen euch an den lieben Advent.
Sehet, die vierte Kerze brennt.
Gott selber wird kommen, er zögert nicht.
Auf, auf, ihr Herzen, werdet licht!
Freut euch, ihr Christen …

Der Adventskranz

Advent, Advent, ein Lichtlein brennt ...

Erst eins, dann zwei, dann drei, dann vier, dann steht das Christkind vor der Tür. Wer kennt den beliebten Vers nicht?! Und auch seine schlaue Fortsetzung über das Verschlafen des Weihnachtsfestes. Denn genau dies verdeutlicht noch einmal die Aufgabe eines Adventskranzes.

Den ersten Adventskranz hat sich nämlich 1839 der Theologe und Erzieher Johann Hinrich Wichern für die Kinder eines Waisenhauses ausgedacht. Da sich die kleinen Kinder nicht merken konnten, wie lange es noch bis Weihnachten dauert, hat Wichern ein altes Wagenrad aufgehängt und darauf 20 kleine rote und 4 große weiße Kerzen verteilt. Jeden Tag wurde dann eine Kerze mehr angezündet und jeden Adventssonntag eine der vier großen. So konnten die Kinder ganz leicht die Tage bis Weihnachten abzählen.

Heute sind zwar nur noch die vier Kerzen für die Adventssonntage geblieben und auch das hölzerne Wagenrad wurde durch einen Tannenkranz ersetzt. Aber indem der Adventskranz jede Woche ein bisschen heller und strahlender wird, hilft er nach wie vor, die Zeit bis Weihnachten festlich zu begleiten und einzuteilen.

Die streitenden Adventskerzen

Alfons Schweiggert

Es waren einmal vier rote Adventskerzen. Die saßen auf einem schönen Adventskranz. Am ersten Sonntag im Advent sollte die erste Kerze brennen. Aber wer war die erste?

Die vier Adventskerzen fingen an zu streiten. Die erste sagte: „Ich bin größer als ihr! Ich muss zuerst angezündet werden. Ich darf zuerst leuchten!“

Die zweite meinte: „Ach was, ich bin röter als ihr! Ich muss zuerst angezündet werden.“

Die dritte rief: „Ich habe den schönsten Docht von euch allen! Also darf ich zuerst brennen.“

Die vierte schüttelte den Kopf: „Nein, seht mich an. Ich stehe am geradesten auf dem Kranz. Ihr seid alle krumm und schief! Deshalb möchte ich die Erste sein.“

So stritten die vier hin und her. Sie stritten nicht nur am ersten Adventssonntag, nein, auch am zweiten und sogar am dritten und vierten. Und sie waren sich immer noch nicht einig, wer als Erstes brennen sollte.

Da kam der Weihnachtsmann ins Zimmer. Er rief: „Schluss jetzt mit eurer ewigen Streiterei! Wisst ihr überhaupt, welcher Tag heute ist?“

Die vier Kerzen wussten es natürlich nicht.

„Heute ist der Heilige Abend“, erklärte der Weihnachtsmann, „und da wird nicht gestritten, verstanden?“

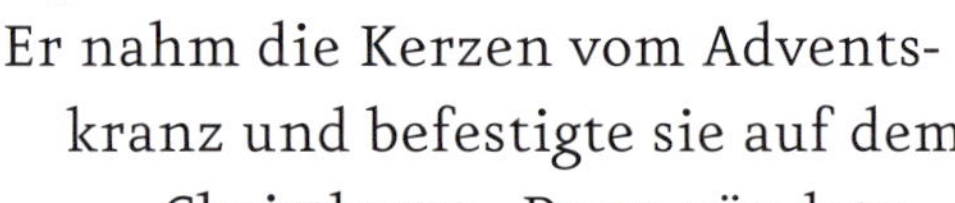

Er nahm die Kerzen vom Adventskranz und befestigte sie auf dem Christbaum. Dann zündete er alle vier gleichzeitig an. Da waren die vier Adventskerzen plötzlich Weihnachtskerzen. Sie waren alle zufrieden und haben vor Freude hell gestrahlt.

Der Adventskalender

Die Zeit bis Weihnachten 24-mal versüßen

Ähnlich wie der Adventskranz soll auch der Adventskalender die Wartezeit bis Weihnachten begleiten und hoffentlich auch ein bisschen verkürzen. Denn jeden Tag im Advent darf das Kind (oder auch der Erwachsene) eine neue Überraschung entdecken.

Die ersten Adventskalender im 19. Jahrhundert bestanden manchmal allerdings nur aus 24 an die Wand gemalten Kreidestrichen. Die Kinder durften dann jeden Tag einen Strich wegwischen und konnten so zusehen, wie die Zeit bis Weihnachten immer weiter abnahm. Ähnlich funktionierte eine in 24 Abschnitte unterteilte Kerze, die jeden Tag ein bisschen weiter abgebrannt wurde. Verbreitet war es auch, nach und nach 24 Bilder an die Wand zu hängen, was manchen Türchen-Adventskalendern von heute schon sehr nahekommt.

Mit der Zeit entwickelten sich immer mehr verschiedene Formen und Arten von Adventskalendern – mit 24 Geschichten oder 24 Schokolädchen, mit 24 kleinen Geschenken oder 24 Rätseln. Auch „lebende Adventskalender" in Form von Häusern, deren Fenster und Türen als die 24 Türchen fungieren und jeden Tag eine neue Überraschung preisgeben, gibt es in immer mehr Städten.

Doch egal welche Adventskalender-Form gewählt wird – sie alle helfen, die Tage bis Weihnachten zu zählen und außerdem die Vorfreude zu steigern.

Wir basteln einen Adventskalender

Material

bunter Jute-Stoff (oder 24 fertige Jute-Säckchen)
bunter Filz
Klebezahlen
Knöpfe, Glöckchen, Strohsterne etc.
Kordel, Geschenkband, Wolle
langer, formschöner Holzstock
Nähzeug
Schere
Stoffkleber

So wird's gemacht

1. Aus Jute-Stoff 24 Säckchen in unterschiedlichen Größen und Formen nähen: Nikolaussocken, rund, quadratisch, rechteckig, groß, klein etc. (Alternativ können fertige Säckchen gekauft werden.)
2. Die Säckchen nach Belieben mit Filz verzieren. Besonders einfache und doch eindrucksvolle Formen sind Tannenbäumchen, Sterne und Herzen, die einfach mit Stoffkleber auf die Säckchen geklebt werden.
3. Außerdem können Knöpfe, Glöckchen, Strohsterne und Ähnliches aufgenäht werden. Auch Ziernähte mit roter Wolle am Rand der Säckchen oder kleine Stickereien sehen toll aus.
4. Am Schluss auf jedes Säckchen eine Klebezahl von 1 bis 24 kleben.
5. Die Säckchen mit Schokolade, kleinen Geschenken oder anderen Überraschungen füllen, mit Geschenkband oder Wolle zubinden und mit Kordel an einen langen Holzstock hängen.
6. Den Holzstock wiederum mit Kordel an zwei Nägel in der Wand hängen – fertig ist ein wunderschöner, individueller Adventskalender!

Der Schächtelchen-Kalender

Renate Schupp

Am Nachmittag hatte Frau Postel den Schächtelchenkalender im Kinderzimmer an die Wand gehängt. Er bestand aus 24 bunten Streichholzschachteln, die untereinander auf ein Band geklebt waren.

„Oh, der Schächtelchenkalender!“, jubelten Anna, Lukas und Paul, als sie am Abend vom Spielen heraufkamen. Sie drängten sich ganz nahe heran.

„Nicht anfassen!“, rief Frau Postel. „Anfassen ist verboten!“

„Hoffentlich hast du nicht wieder so viel Marzipansachen reingetan, Mama“, sagte Paul. „Letztes Jahr habe ausgerechnet ich immer das Marzipan erwischt, wo ich es doch gar nicht mag.“

„Doch, Marzipan, viel Marzipan!“, riefen Anna und Lukas.

„Lieber keine Gummibärchen, die sind so klebrig“, sagte Anna.

„Aber ich mag Gummibärchen!“, schrie Paul.

„Ich auch!“, sagte Lukas.

„Sind auch wieder Brausebonbons drin, Mama?“

„Und Kaugummis?“

„Au ja, aber die runden!“

„Ihr wisst doch, dass die runden gar nicht reingehen“, sagte Frau Postel. „Sie sind zu dick.“

„Ooch! Schokoladentaler gehen auch nicht rein!“

„Geleefrüchte auch nicht! Wo ich die doch soo mag!“

„Eigentlich sind die Schächtelchen viel zu klein“, stellte Lukas fest. „Die besten Sachen gehen nicht rein!“

„Ja, wirklich, Mama“, sagte Paul ernsthaft, „es wäre viel besser, wenn jeder von uns einen Schächtelchenkalender für sich alleine hätte. Dann könntest du jedem das reintun, was er am liebsten mag.“

„Aber gewiss doch!“, polterte da Herr Postel los, der schon seit einer Weile unbemerkt in der Tür stand und zuhörte. „Und nächstes Jahr nehmen wir dann Zigarrenkistchen! Und übernächstes Jahr Schuhschachteln, damit auch ordentlich etwas reingeht!“

Die Kinder schauten sich verwundert an.

„Warum sagst du das so böse, Papa?“, fragte Anna.

„Ach, weil ihr unersättlich seid! Zu meiner Zeit hatten wir einen Adventskalender mit Fensterchen, einen für die ganze Familie. Und reihum öffnete jedes Kind ein Fensterchen und dahinter war ein Bild. Ein Bild! Wir kannten die Bilder schon auswendig, aber wir haben uns jedes Jahr wieder neu darüber gefreut.“

Anna, Lukas und Paul warfen sich vielsagende Blicke zu.

„Ja, ja, früher!“, brummelten die Jungen.

Anna räusperte sich und fragte: „Also, was ist? Darf ich jetzt das erste Schächtelchen aufmachen?“

„Wieso du?“, rief Lukas. „Du hast letztes Jahr schon anfangen dürfen!“

„Ja!“, schrie Paul. „Diesmal darf der Jüngste anfangen. Das hat Mama letztes Jahr versprochen. Nicht wahr, Mama?“

„Aha!“, regte sich Lukas auf. „Einmal die Älteste und einmal der Jüngste. Da komme ich ja wohl nie dran.“

Herr und Frau Postel sahen sich an und schüttelten die Köpfe. „Kann man denn hier niemals etwas tun, ohne dass es in Zank und Streit endet?“, fragte Frau Postel. „Es ist doch völlig egal, wer beginnt. Außerdem ist dieses Jahr sowieso etwas ganz anderes in den Schächtelchen.“

„Was? Wieso denn?“, riefen die Kinder erstaunt.

Aber Frau Postel wollte nichts verraten. „Wascht euch die Hände“, sagte sie. „Wir wollen erst zu Abend essen.“

Nach dem Essen durfte Paul das erste Schächtelchen öffnen. Anna und Lukas

reckten die neugierigen Hälse. Ein Zettel fiel heraus – sonst nichts, wie sehr Paul das Schächtelchen auch um und um drehte.

„Ist das alles?", fragte Paul enttäuscht.

„So lies doch erst einmal, was darauf steht!", sagte Frau Postel.

Paul faltete den Zettel auseinander und las vor:

In dieser Adventszeit wollen wir uns alle einmal besonders Mühe geben, nicht zu streiten, sondern einander Freude zu machen. Papa und ich haben darum beschlossen, dass ihr heute Abend eine halbe Stunde länger aufbleiben dürft. In dieser Zeit machen wir zusammen ein Spiel, das ihr euch aussuchen dürft!

Ha, da gab es mit einem Mal keine missmutigen Gesichter mehr. Auch das Spiel war schnell gefunden: Verstecken in allen Zimmern!

Herr und Frau Postel hatten ja eigentlich an etwas Ruhigeres gedacht, Mensch-ärgere-dich-nicht zum Beispiel oder ein Kartenspiel. Aber sie machten doch mit.

„Ach, du, das war ein Spaß!", sagte Anna später, als sie und Lukas und Paul im Bett lagen. „Ist morgen wieder so ein Zettel drin?"

„Es ist jeden Tag ein Zettel drin", sagte Frau Postel.

„Und da stehen lauter solche Sachen drauf – zum Freuen und so?"

„Ja!"

„Oh, Mann!", stöhnten Lukas und Paul. „Ist das spannend!"

Von Kaugummis und Marzipan redete keiner mehr.

Die heilige Barbara

Kirschblüten und Erlösung

Jedes Jahr am 4. Dezember feiern wir den Gedenktag der heiligen Barbara und schneiden Zweige von Obstbäumen. Doch was haben Kirschzweige mit einer Heiligen zu tun?
Barbara von Nikomedien soll Ende des 3. Jahrhunderts in Kleinasien gelebt haben. Der Überlieferung zufolge wurde sie von ihrem Vater in einen Turm gesperrt. Der reiche Kaufmann konnte nicht verstehen, dass seine schöne und kluge Tochter nicht heiraten, sondern als Christin, keusch und in Armut und Demut, leben wollte. Auf dem Weg in ihr Gefängnis verfing sich ein Kirschzweig in Barbaras Gewand. Sie stellte ihn in ein Gefäß mit Wasser und pflegte ihn, bis er schließlich an jenem Tag aufblühte, an dem sie zum Tode verurteilt wurde. Der wunderschön blühende Zweig gab der Heiligen Hoffnung und die Kraft, ihren Glauben trotz Folter nicht zu verleugnen.
Wenn wir heute am Barbaratag Zweige schneiden und sie zu Weihnachten aufblühen, erinnern sie auf wunderschöne Weise daran, dass uns Gott mit seinem Sohn den Erlöser in die Welt geschickt hat.

Wir bringen Barbarazweige zum Blühen

Material
Gartenschere
Obstbaum
große Vase
z. B. Goldsterne
weißer Faden
Papier

So wird's gemacht

1. Am 4. Dezember, dem Barbaratag, im Garten oder bei einem befreundeten Bauern Zweige von einem Kirschbaum schneiden. Alternativ kann es auch ein Zierkirschenbaum, ein Zwetschgen- oder Pflaumenbaum sein.
2. Falls es in diesem Jahr noch keinen echten Frost gab, müssen die Zweige erst einmal für ein paar Stunden in die Kühltruhe gelegt werden. Anschließend die Zweige schräg anschneiden und in eine schöne Vase mit lauwarmem Wasser stellen.
3. Die Vase und der Ansatz der Zweige können nun noch weihnachtlich verziert werden, z. B. mit Goldsternen, die mit weißem Faden an die Zweige gehängt und auf die Vase geklebt werden.
4. Außerdem kann jedes Familienmitglied an einen Zweig einen Zettel mit einem Wunsch hängen. Derjenige, dessen Zweig als erster aufblüht, bekommt seinen Wunsch erfüllt.
5. Die Barbarazweige in ein kühles oder mäßig warmes Zimmer stellen, das Wasser regelmäßig erneuern und viel Geduld haben – mit ein klein wenig Glück gibt es pünktlich zu Weihnachten eine wahre Blütenpracht!

Bauernweisheit

Knospen zu Sankt Barbara,
sind zum Christfest Blüten da.

Der Bratapfel

Volksgut

Kinder, kommt und ratet,
was im Ofen bratet!
Hört, wie's knallt und zischt.
Bald wird er aufgetischt,
der Zipfel, der Zapfel,
der Kipfel, der Kapfel,
der gelbrote Apfel.

Kinder, lauft schneller,
holt einen Teller,
holt eine Gabel!
Sperrt auf den Schnabel
für den Zipfel, den Zapfel,
den Kipfel, den Kapfel,
den goldbraunen Apfel!

Sie pusten und prusten,
sie gucken und schlucken,
sie schnalzen und schmecken,
sie lecken und schlecken
den Zipfel, den Zapfel,
den Kipfel, den Kapfel,
den knusprigen Apfel.

Bratäpfel mit Vanillesauce

für 4 Äpfel

Zutaten

4 säuerliche Äpfel (am besten Boskop)
100 g Marzipanrohmasse
1 EL Rosinen
3 EL gehackte Mandeln
100 ml Apfelsaft
3 EL Zitronensaft
1 Vanilleschote
2 EL Zucker
250 ml Sahne
2 Eigelb

Zubereitung

1. Zunächst die Äpfel gut waschen und die Kerngehäuse großzügig ausstechen.
2. Das Marzipan mit den Rosinen und den Mandeln verkneten und die Masse anschließend in die Äpfel füllen. Die gefüllten Äpfel in eine Auflaufform setzen.
3. Den Apfelsaft mit dem Zitronensaft mischen und über die Äpfel träufeln. Anschließend bei 200 °C Ober-/Unterhitze etwa 25 Minuten backen.
4. Das Mark einer Vanilleschote und die ausgeschabte Schote mit dem Zucker und der Sahne in einem Topf mischen, einmal aufkochen und etwa 10 Minuten ziehen lassen.
5. Die Schote herausnehmen, die beiden Eigelbe in die Sahnemischung geben und verrühren. Diese Mischung langsam und unter ständigem Rühren erhitzen, bis sie dickflüssig wird. Sie darf nicht kochen!
7. Die Vanillesoße beim Abkühlen mehrfach umrühren und dann, noch lauwarm, über die fertigen Äpfel geben.

Tipp

Falls die Vanillesoße Eigelbklümpchen bekommen sollte, weil die Sahne zu heiß war, kann man sie einfach durch ein feines Sieb streichen.

Apfel, Nuss und Mandelkern

Sankt Nikolaus kommt

Ich bin Sankt Nikolaus

Dichter unbekannt

Grüß Gott, ihr Kinder im Haus!
Hört zu: Ich bin Sankt Nikolaus!
Habt keine Angst, schaut mich nur an –
ich bin kein wilder fremder Mann.

Den Sack hier hab ich mitgebracht,
da drin steckt, was euch Freude macht!
Glöckchen klingt von Haus zu Haus,
heute kommt Sankt Nikolaus!
Kommt durch Schnee, kommt durch Wind,
kommt zu jedem braven Kind.

Bauernweisheit

Regnet es an Nikolaus,
wird der Winter streng und kraus.
Trockener Sankt Nikolaus,
milder Winter rund ums Haus.

Die Nikolausstiefel

Annegert Fuchshuber

In einem kleinen Dorf in den anatolischen Bergen lebte vor langer Zeit ein Junge mit seinem Esel. Dieser Esel war alles, was Afrem hatte: sein Besitz und seine Familie. Der Stall des Esels war sein Haus, das Stroh sein Bett – und das war nicht wenig. Denn Afrems Dorf war ein bitterarmes Dorf.

Zusammen mit seinem Esel konnte Afrem viele Arbeiten tun: Sie holten Reisig aus den Bergen, schafften Obst und Gemüse auf den Markt und machten Botengänge. Als Lohn bekam Afrem abends einen Teller warmes Essen oder ein Stück Brot mit Öl. Viel konnte keiner abgeben. Der Esel suchte sich sein Futter selbst, trockenes Gras am Wegrand oder ein paar Disteln.

Im Sommer war das wohl ein gutes Leben.

Aber der Winter war schlimm.

Der kleine Stall, in dem die beiden hausten, war kalt und Afrem hatte nichts Warmes anzuziehen, nicht einmal feste Schuhe. Er umwickelte seine Füße mit Stroh und Lumpen, aber das half kaum gegen Eis und Schnee.

Auch die Leute im Dorf litten im Winter unter der Kälte und dem Hunger. Auf den verschneiten Feldern gab es nichts zu ernten und die Vorräte waren immer knapp. Oft genug hatten die Menschen nur eine Hoffnung: den Bischof Nikolaus in der fernen Stadt Myra. In der größten Not kam er den Armen zu Hilfe.

Es kam ein Winter, der war härter und kälter als alle, an die sich die alten Leute im Dorf erinnern konnten. Tiefer Schnee bedeckte Häuser und Felder und erstickte alles Leben. Und eines Tages kam eine schlimme Nachricht aus Myra: Bischof Nikolaus war von einer Reise in die Bergdörfer nicht zurückgekehrt. Vielleicht hatten Wölfe die kleine Gruppe angefallen. Oder sie hatten im Schnee den Weg verloren. Keiner konnte es sagen.

Angst senkte sich auf das Dorf. Wer von den großen Herren in der Stadt würde jetzt an die Armen denken, denen der Winter so hart zusetzte?

Eines Abends kam Afrem von einem Botengang aus den Bergen zurück. Er war froh, dass sein Esel keine Last zu tragen hatte – so konnte er sich auf den Rücken setzen und die nackten Füße in das struppige Winterfell schieben. Vorsichtig suchte das Tier seinen Weg im tiefen Schnee.

Bei der alten Kiefer sah Afrem an der Böschung eine zusammengesunkene Gestalt. Ein alter Mann hockte da, in einen weiten Mantel gehüllt, die

Kapuze tief ins Gesicht gezogen. Man sah gerade noch die Nase und den weißen Bart und eine Hand, die sich nach Afrem ausstreckte.

„Hilf mir“, bat er, „ich kann nicht mehr.“

Afrem hielt den Esel an.

„Räuber haben uns überfallen. Ich bin ihnen nur mit Mühe entkommen. Aber nun kann ich nicht weiter. Bring mich in dein Dorf. Bring mich zum Dorfvorsteher.“

Afrem zögerte. Dann stieg er seufzend vom Esel. Mit tausend eisigen Nadeln stach der Schnee in seine Füße. Afrem biss die Zähne zusammen. Er half dem alten Mann auf den Esel.

Zu dritt zogen sie zum Dorf. Zum Glück war es nicht mehr weit; es war schon dunkel und die Wegspur war kaum noch zu erkennen. Beim Dorfvorsteher pochte Afrem ans Tor.

„Wer ist da?“, rief jemand.

Ehe Afrem etwas sagen konnte, rief der alte Mann: „Bischof Nikolaus.“

Da wurde es drinnen lebendig! Das Tor wurde aufgerissen, Menschen eilten heraus, halfen dem Alten vom Esel herunter, lachten, fragten, riefen durcheinander, komplimentierten ihn schließlich ins Haus hinein, da war es warm und hell und es duftete nach Essen. Dann fiel das Tor zu und

Afrem stand mit seinem Esel in der kalten Nacht. Er stieg wieder auf und ritt ans andere Ende des Dorfes, wo der Stall stand. Dort legte er sich hungrig und frierend zu seinem Esel ins Stroh und schob die eiskalten Füße ganz tief unter den warmen Bauch des Tieres. So schliefen sie endlich ein. Frühmorgens weckte ein lautes Klopfen an der Tür Afrem aus tiefem Schlaf. Er mochte nicht aufstehen.

„Es ist offen", rief er.

Nichts rührte sich draußen.

Schlaftrunken tappte er zur Tür und stieß sie auf. Niemand war zu sehen. Am Himmel funkelten noch die letzten Sterne.

Alles war still.

Doch da: Auf der Schwelle stand ein Paar Stiefel aus festem Leder, innen mit weichem Lammfell gefüttert. Sie waren bis oben hin gefüllt mit Äpfeln, Orangen, Lebkuchen, Feigen, Nüssen und anderen köstlichen Dingen. Als Afrem sie ausleerte, fand sich ganz unten in jedem Stiefel noch eine große Goldmünze. Darauf war das Bild des Bischofs geprägt, der sah dem alten Mann von gestern sehr ähnlich.

„Bischof Nikolaus", flüsterte Afrem. Dann probierte er die Stiefel und sie passten wie angegossen. Und waren warm und weich.

Was soll ich noch erzählen?

Vielleicht, dass Afrem fortan von den Goldmünzen glücklich und zufrieden leben konnte und nie mehr hungern musste?

Und dass die Stiefel ihm nie zu klein wurden, obwohl seine Füße doch noch tüchtig wuchsen, so wie der ganze Afrem?

Und dass jedes Jahr am Namenstag des Bischofs Nikolaus die Schuhe bis oben hin mit den feinsten Dingen gefüllt waren – über Nacht, wie von Zauberhand?

Tatsache ist jedenfalls, dass seit dieser Zeit Kinder in aller Welt am Vorabend des Nikolaustages ihre Schuhe vor die Tür stellen und sie am Morgen wohlgefüllt wiederfinden.

Jetzt weißt du, warum.

Weihnachtsgebäck

Isabella Braun

Weinbeer, Mandeln, Sultaninen,
süße Feigen und Rosinen,
welsche Nüsse – fein geschnitten,
Zitronat auch – muss ich bitten!

Birnenschnitze doch zumeist
und dazu den Kirschengeist;
wohl geknetet mit der Hand
alles tüchtig durcheinand
und darüber Teig gewoben –
wirklich, das muss ich mir loben!

Solch ein Brot kann's nur im Leben
jedes Mal zur Weihnacht geben!
Eier, Zucker und viel Butter
schaumig rührt die liebe Mutter;
kommt am Schluss das Mehl daran,
fangen wir zu helfen an.

In den Teig so glatt und fein
stechen unsre Formen ein:
Herzen, Vögel, Kleeblatt, Kreise –
braune Plätzchen, gelbe, weiße
sieht man bald – welch ein Vergnügen –
auf dem Blech im Ofen liegen.
Knusprig kommen sie heraus,
duften durch das ganze Haus.

Solchen Duft kann's nur im Leben
jedes Mal zur Weihnacht geben!

Kunterbuntes Buttergebäck

für 80 mittelgroße Plätzchen

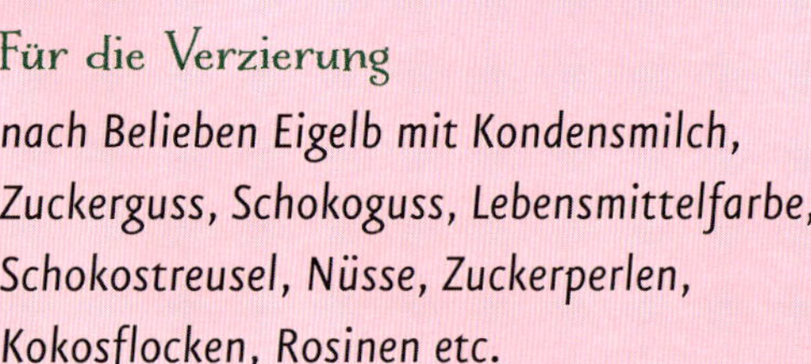

Für den Teig

250 g Butter
250 g Zucker
2 Eier
500 g Mehl
½ Pck. Backpulver

Für die Verzierung

nach Belieben Eigelb mit Kondensmilch, Zuckerguss, Schokoguss, Lebensmittelfarbe, Schokostreusel, Nüsse, Zuckerperlen, Kokosflocken, Rosinen etc.

Zubereitung

1. Zuerst die Butter, den Zucker und die Eier miteinander verrühren.
2. Das Mehl mit dem Backpulver mischen, einmal durchsieben und nach und nach unter die Buttercreme rühren.
3. Den Teig zu einer Kugel formen, in Frischhaltefolie wickeln und dann mindestens 2 Stunden oder über Nacht in den Kühlschrank legen.
4. Danach den Teig noch mal durchkneten und auf einer bemehlten Arbeitsfläche etwa 3 mm dünn ausrollen.
5. Jetzt geht's ans Ausstechen: Sterne, Tannenbäume, Engelchen etc.
6. Je nachdem, wie die Plätzchen verziert werden sollen, ein Eigelb mit etwas Kondensmilch mischen und die Plätzchen vor dem Backen damit bestreichen. Nüsse, Zuckerperlen und Rosinen können ebenfalls mitgebacken werden.
7. Die Plätzchen auf Bleche mit Backpapier legen und 5 bis 8 Minuten im vorgeheizten Backofen bei ca. 200 °C backen. Die Ränder sollten ganz leicht braun sein, wenn die Plätzchen aus dem Ofen kommen. Dann sind sie zwar noch recht weich, werden aber beim Abkühlen härter.
8. Die abgekühlten Plätzchen dann noch (fertig) verzieren. Der Fantasie sind keine Grenzen gesetzt!

Sankt Nikolaus

Einer unserer beliebtesten Heiligen

Jeder weiß, wie er aussieht, mit seinem roten Mantel, den schweren Stiefeln und dem weißen Rauschebart. Aber wer war der beliebte Heilige eigentlich, zu dessen Ehren wir jedes Jahr am 6. Dezember den Nikolaustag feiern?

Nikolaus war im 4. Jahrhundert der Bischof von Myra, einer Stadt in der heutigen Türkei. Der gütige, menschenfreundliche Mann verschenkte all seinen Reichtum, und zahllose Legenden erzählen davon, wie er den Armen und in Not Geratenen beistand. Er bändigte Stürme für Schiffer in Seenot, bewahrte Myra durch das Kornwunder vor einer Hungersnot und schützte unschuldig Verurteilte vor der Hinrichtung.

Und warum stellen wir am Vorabend unsere geputzten Schuhe vor die Tür? Einer besonders beliebten Legende zufolge half der Heilige drei Mädchen, deren bitterarmer Vater sie zum Arbeiten auf die Straße schicken wollte. Bischof Nikolaus hörte davon und warf in der Nacht drei Goldklumpen durch den Kamin. Sie landeten in den zum Trocknen aufgehängten Socken der Mädchen, die bald darauf heiraten konnten und nicht mehr hungern mussten.

Wegen dieser nächtlichen Schenkung hoffen wir, dass der heilige Nikolaus in der Nacht zum 6. Dezember – seinem Todestag – auch unsere Schuhe mit Obst und Süßigkeiten füllt.

Knecht Ruprecht

Theodor Storm

Von drauß', vom Walde komm ich her;
Ich muss euch sagen, es weihnachtet
sehr!
Allüberall auf den Tannenspitzen
Sah ich goldene Lichtlein sitzen;
Und droben aus dem Himmelstor
Sah mit großen Augen das Christkind
hervor.
Und wie ich so strolcht' durch den
finstern Tann,
Da rief's mich mit heller Stimme an:
„Knecht Ruprecht", rief es, „alter Gesell,
Hebe die Beine und spute dich schnell!
Die Kerzen fangen zu brennen an,
Das Himmelstor ist aufgetan,
Alt' und Junge sollen nun
Von der Jagd des Lebens einmal ruhn;
Und morgen flieg ich hinab zur Erden,
Denn es soll wieder Weihnachten werden!"
Ich sprach: „O lieber Herre Christ,
Meine Reise fast zu Ende ist;
Ich soll nur noch in diese Stadt,
Wo's eitel gute Kinder hat."
– „Hast denn das Säcklein auch bei dir?"
Ich sprach: „Das Säcklein, das ist hier:
Denn Apfel, Nuss und Mandelkern
Essen fromme Kinder gern."
– „Hast denn die Rute auch bei dir?"
Ich sprach: „Die Rute, die ist hier;
Doch für die Kinder nur, die schlechten,
Die trifft sie auf den Teil, den rechten."
Christkindlein sprach: „So ist es recht;
So geh mit Gott, mein treuer Knecht!"
Von drauß' vom Walde komm ich her;
Ich muss euch sagen, es weihnachtet
sehr!
Nun sprecht, wie ich's hierinnen find!
Sind's gute Kind, sind's böse Kind?

Lasst uns froh und munter sein

Text und Melodie: Volkslied aus dem Hunsrück

2. Dann stell ich den Teller auf,
Niklaus legt gewiss was drauf.
Lustig, lustig …

3. Wenn ich schlaf, dann träume ich:
jetzt bringt Nikolaus was für mich.
Lustig, lustig …

4. Wenn ich aufgestanden bin,
lauf ich schnell zum Teller hin.
Lustig, lustig …

5. Niklaus ist ein guter Mann,
dem man nicht g'nug danken kann.
Lustig, lustig …

Wir bauen ein Lebkuchenhaus

Für den Teig

400 g Honig
100 ml Wasser
100 g brauner Zucker
60 g Margarine
300 g Weizenmehl
300 g Roggenmehl
½ Pck. Backpulver
1 Pck. Lebkuchen-Gewürz
16 g Natron
Kondensmilch

Für die Verzierung

2 Eiweiß
500 g Puderzucker
Zitronensaft
nach Belieben Schokolinsen, Gummibärchen, Nüsse, Rosinen, Drops, Zuckerperlen, Puderzucker, Lebensmittelfarben etc.
evtl. etwas Watte

Zubereitung

1. Den Teig nach der Anleitung der Lebkuchenmännchen (S. 83) zubereiten und über Nacht in den Kühlschrank legen.
2. Für das Lebkuchenhaus folgende Schablonen aus Pappe ausschneiden:

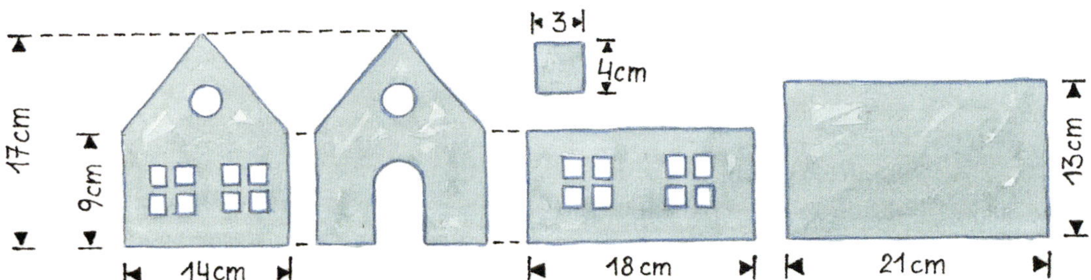

3. Dann den gut gekühlten Teig noch einmal durchkneten und auf einer bemehlten Arbeitsfläche knapp 1 cm dick ausrollen. Mithilfe der Schablonen die zehn benötigten Hausteile mit einem Messer ausschneiden.

4. Die Hausteile mit Kondensmilch bestreichen, auf Bleche mit Backpapier legen und 10 bis 15 Minuten im vorgeheizten Ofen bei ca. 180 °C backen. Danach abkühlen lassen.
5. Für die Verzierung das Eiweiß steif schlagen und den gesiebten Puderzucker unterrühren. Dann noch so viel Zitronensaft hinzufügen, dass ein dickflüssiger Zuckerguss entsteht. Diesen am besten in einen Spritzbeutel füllen und dann die Hausteile auf einem Tablett aneinanderkleben.
6. Zuerst die vier Wände des Hauses zusammenkleben. Das geht am besten zu zweit. Dann den Zuckerguss kurz aushärten lassen.
7. Anschließend die beiden Dachteile auf das Haus und am Schluss den Schornstein auf das Dach kleben. Dazu müssen zwei der Schornsteinteile entsprechend dem Dachgiebel zugeschnitten werden. Anschließend alles noch mal eine Weile trocknen lassen.

8. Schließlich mit dem restlichen Zuckerguss und den Süßigkeiten das Haus verzieren und eventuell ein bisschen Watte auf den Schornstein kleben.

Tannenduft und Kerzenschein

Zeit für stille Stunden

Der kleine Bär und die lange, kalte Winternacht

Fredrik Vahle

Es war einmal ein kleiner Bär, der freute sich, dass es Sommer war und die Sonne schien. Die Fliegen flogen umher, die Bienen summten und die Brummer brummten, und der kleine Bär brummte auch. Er brummte das Honiglied. Das brummte er am liebsten im Sommer, wenn die Sonne schien. Aber der Sommer ging vorbei und dann kam der Herbst. Der Wind wehte die Wolken über den Himmel und die Blätter von den Bäumen. Die Vögel hörten auf zu singen, flogen einfach weg, ließen sich nicht mehr blicken, und es wurde auch schon ein bisschen kalt.

Und dann kam der Winter. Die Erde wurde hart vom Frost. Es fing an zu schneien und im Wald war es ganz still. Die Tage wurden immer kürzer und die lange, kalte Winternacht wurde immer länger. Jeden Abend kam sie etwas früher über den Wald.

Da verkroch sich der kleine Bär in einem hohlen Baum und machte die Augen zu. Aber die lange, kalte Winternacht wurde trotzdem immer länger und die Tage wurden immer kürzer und die Sonne wurde immer schwächer.

Da bekam der kleine Bär eine große Wut. Er wartete hinter einem Baum, bis die lange, kalte Winternacht kam, und dann sprang er hervor und brummte so laut und böse, wie er nur konnte.

Aber die lange, kalte Winternacht ließ sich nicht verscheuchen. Sie wurde immer länger und kälter.

„Ich muss eine Fallgrube buddeln", sagte der kleine Bär.

Er buddelte den ganzen Tag, bis er eine tiefe Grube gebuddelt hatte. Die lange, kalte Winternacht kam. Aber sie ließ sich nicht einfangen. Sie wurde immer länger und kälter.

„Dann werde ich sie eben erschrecken", sagte der kleine Bär, „damit sie ein für alle Mal verschwindet."

Und der kleine Bär machte sich eine entsetzliche Geistermaske. Als die lange, kalte Winternacht kam, sprang er hervor und brummte fürchterlich. Aber die lange, kalte Winternacht ließ sich nicht erschrecken. Sie wurde immer länger und kälter.

Doch der kleine Bär gab nicht auf.

„Ich werde noch mehr Lärm machen", sagte er, und er machte die fürchterlichsten Bärenbrummtöne und ein Getöse im Steinbruch, dass allen Tieren die Ohren wehtaten. Der Dachs wurde wach und der Igel und das Eichhörnchen.

Auch der alte Bär wurde wach und brummte: „Was ist los?"

„Die lange, kalte Winternacht", sagte der kleine Bär. „Sie wird immer länger, und wenn sie noch länger wird, dann wird eines Tages die Sonne überhaupt nicht mehr scheinen, es wird ganz kalt und wir werden alle erfrieren!"

„Aber das stimmt nicht", sagte der alte Bär. „Letztes Jahr war es ganz anders."

Mehr wusste er nicht, denn er war sehr vergesslich.

Da fiel ihm ein, dass der Förster im letzten Jahr – gerade als die lange, kalte Winternacht am längsten und kältesten war – eine Tanne aus dem Wald geholt und ins Haus getragen hatte.

„Und dann hat der Baum geleuchtet", sagte der große Bär.

Aber mehr wusste er nicht, denn er war sehr vergesslich.

Da wurde der kleine Bär neugierig und sie gingen zum Försterhaus. Sie schauten beide zum Fenster hinein und sahen, dass ein Baum in der Stube stand. Es war eine ganz gewöhnliche Tanne und sie leuchtete auch nicht. Alle im Haus bekamen einen großen Schreck, als die beiden Bären zum Fenster hineinguckten. Der Förster lief gleich in den Flur, um seine Flinte zu holen.

„Die wollen uns nicht haben", sagte der große Bär, und die beiden Bären liefen, so schnell sie konnten, in den Wald zurück. „Aber den Weihnachts-

mann haben sie letztes Jahr reingelassen, gerade als der Baum so schön leuchtete", sagte der große Bär.

Aber mehr wusste er nicht, denn er war sehr vergesslich.

Da liefen die beiden Bären zum Weihnachtsmann.

„Wir möchten auch Weihnachtsmann sein und in das Försterhaus gehen und den leuchtenden Baum sehen."

Der Weihnachtsmann hatte so viel zu tun gehabt, dass er von der Arbeit ganz müde war. Deshalb sagte er: „Ihr könnt meine Arbeit eigentlich auch machen. Nehmt zwei von meinen Mänteln und zieht die Kapuzen tief ins Gesicht."

Da verkleideten sich die beiden Bären. Der große Bär war der Weihnachtsmann, der kleine Bär war der Knecht Ruprecht und so liefen sie zum Försterhaus. Da sahen sie den leuchtenden Baum. Sie wurden hereingelassen und die ganze Familie hat Lieder gesungen und der Hund hat mitgeheult und den beiden Bären wurde ganz warm ums Herz.

Mitten in der langen, kalten Winternacht stand da ein Baum und leuchtete. Die Bären konnten es kaum fassen. Sie brummten die Lieder mit und stellten den Sack mit den Geschenken vor den Weihnachtsbaum und dann verschwanden sie wieder.

„Vielleicht macht der leuchtende Baum alles wieder gut. Vielleicht bedeutet er, dass das Licht und die Wärme nicht sterben", dachte der kleine Bär.

Und tatsächlich, von dem Tage an wurde die lange, kalte Winternacht kürzer und die Tage wurden länger. Die Sonne schien immer mehr, und der kleine Bär brummte das Honiglied. Denn das brummt er am liebsten, besonders wenn die Sonne scheint.

Altes Kaminstück

Heinrich Heine

Draußen ziehen weiße Flocken
Durch die Nacht, der Sturm ist laut;
Hier im Stübchen ist es trocken,
Warm und einsam, stillvertraut.
Sinnend sitz ich auf dem Sessel,
An dem knisternden Kamin,
Kochend summt der Wasserkessel
Längst verklungne Melodien.
Und ein Kätzchen sitzt daneben,
Wärmt die Pfötchen an der Glut;
Und die Flammen schweben, weben,
Wundersam wird mir zu Mut.

Fruchtiger Adventstee

für ca. 8 Tassen

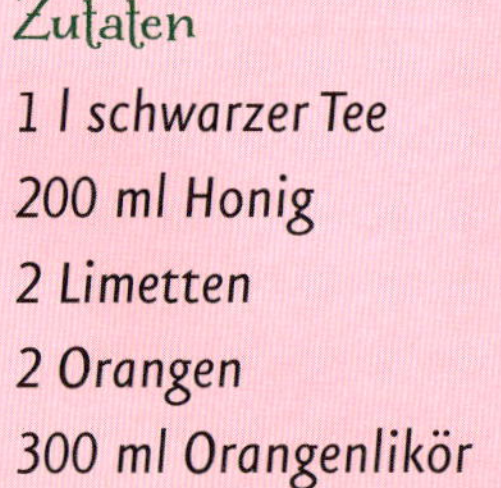

Zutaten

1 l schwarzer Tee
200 ml Honig
2 Limetten
2 Orangen
300 ml Orangenlikör
250 ml Sahne
1 TL Zimt

Zubereitung

1. Einen Liter schwarzen Tee zubereiten und den Honig darin verrühren.
2. Die Früchte auspressen und den Saft gemeinsam mit dem Orangenlikör und dem Zimt ebenfalls in den Tee rühren.
3. Das Gemisch unter Rühren nochmals vorsichtig erhitzen, aber nicht kochen.
4. Die Sahne steif schlagen und jedes Glas Tee vor dem Servieren mit einem Sahnehäubchen und eventuell etwas Zimt garnieren.

Tipp

Als Variante kann man auch zwei säuerliche Äpfel schälen, kleinschneiden und über Nacht in Orangenlikör einlegen. Die Äpfel dann aber nur kurz miterhitzen.

Die heilige Lucia

Die Lichtbringerin

Am 13. Dezember wird in Skandinavien, vor allem in Schweden, das Luciafest gefeiert. Mit diesem großen Lichterfest wird an die heilige Lucia von Syrakus erinnert, die wahrscheinlich im 4. Jahrhundert gelebt hat. Lucia soll verfolgten Christen in ihr Versteck nachts heimlich Essen gebracht haben. Da sie zum Tragen aber beide Hände benötigte, hat sie sich einen Kranz mit Kerzen auf den Kopf gesetzt, um den Weg besser sehen zu können.

Dieser barmherzigen und mutigen Geste gedenken die Menschen in den Skandinavischen Ländern am Luciatag. Die älteste Tochter einer Familie zieht sich frühmorgens ein weißes Jungfrauengewand an, einen roten Gürtel und eben einen Kranz mit – inzwischen meist elektrischen – Kerzen auf den Kopf und bringt ihren Eltern und Geschwistern Lussekatter ans Bett. Das ist ein traditionelles Gebäck mit Safran und Rosinen, das übersetzt „Luciakätzchen" heißt.

Die Feierlichkeiten zu Ehren der heiligen Lucia setzen sich den Tag über fort und enden in einer großen, sehr beliebten Lichterprozession am Abend – in den dunklen Tagen des Advent sicherlich genau das Richtige!

Stille-Spiele

Spielerisch zur Ruhe kommen

In der aufregenden Adventszeit ist es gar nicht so einfach, auch einmal zur Ruhe zu kommen. Umso wichtiger ist es, sich zwischen Backen, Basteln, Schmücken und Singen die Zeit zu nehmen, tief durchzuatmen und spielerisch die Stille zu genießen.

Beim Nikolaussäckchen-Memory beispielsweise wird in 20 Taschentücher (am besten aus Stoff) immer jeweils zweimal der gleiche weihnachtliche Gegenstand gewickelt und als Säckchen zugebunden. Also zwei Waldnuss-Säckchen, zwei Mandarinen-Säckchen, zwei Tannenzweig-Säckchen, zwei Christbaumengel-Säckchen etc. Reihum darf nun jedes Kind zwei Säckchen befühlen und beschreibt flüsternd, was es zu ertasten meint. Glaubt das Kind, ein gleiches Paar gefunden zu haben, und benennt dieses, öffnet es die Säckchen. Wenn das Kind recht hat, darf es dieses Paar behalten und kommt noch einmal an die Reihe.

Es kann auch ganz schön spannend sein, wenn ihr versucht, gemeinsam einen Weihnachtsstern zu basteln oder ein Geschenk einzupacken und dabei gar nicht zu reden. Nur mit Zeigen und Deuten dürft ihr euch verständigen. Meint ihr, ihr schafft das?

Unter einem Tuch sind verschiedene weihnachtlich duftende Gegenstände versteckt: ein Tannenzweig, eine Bienenwachskerze, ein Lebkuchen, ein Päckchen Adventstee, eine Orange usw. Könnt ihr blind erraten, woran ihr schnuppert?

Betrachtet doch einmal miteinander ganz genau eine Kerze. Wie bewegt sich die Flamme? Welche Farbe hat sie? Wie sieht das Licht der Kerze aus? Wenn ihr die Kerze auspustet, wie fühlt sich dann die Dunkelheit für euch an? Wie riecht es? Und wie hört sich das Streichholz an, wenn ihr die Kerze neu entzündet?

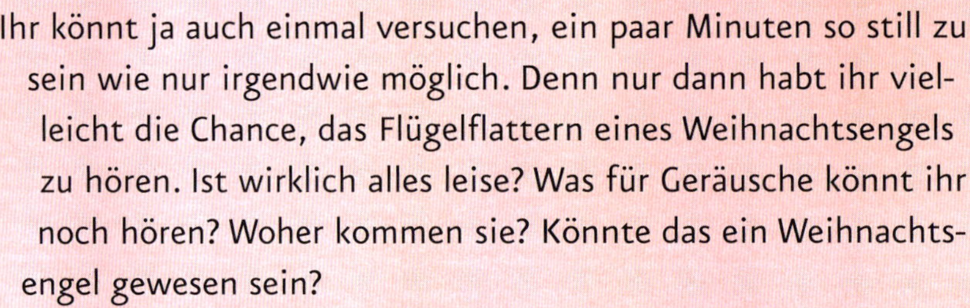

Ihr könnt ja auch einmal versuchen, ein paar Minuten so still zu sein wie nur irgendwie möglich. Denn nur dann habt ihr vielleicht die Chance, das Flügelflattern eines Weihnachtsengels zu hören. Ist wirklich alles leise? Was für Geräusche könnt ihr noch hören? Woher kommen sie? Könnte das ein Weihnachtsengel gewesen sein?

Leise rieselt der Schnee

Text und Melodie: Eduard Ebel

2. In den Herzen ist's warm,
still schweigt Kummer und Harm,
Sorge des Lebens verhallt:
Freue dich, Christkind kommt bald!

3. Bald ist Heilige Nacht,
Chor der Engel erwacht,
hört nur, wie lieblich es schallt:
Freue dich, Christkind kommt bald!

Engel

Weihnachtliche Himmelsboten

In der Weihnachtszeit finden wir Engel überall. Wir hängen Engelsfiguren an den Weihnachtsbaum, wir stempeln kleine Engel auf unsere Weihnachtspost, wir begegnen verkleideten Engeln auf dem Weihnachtsmarkt und essen Plätzchen in Engelsform. Aber was haben die Himmelswesen, an die wir sonst meist nur als Schutzengel denken, denn eigentlich mit Weihnachten zu tun?

Eine wichtige Aufgabe der Engel in der Bibel ist es nämlich, den Menschen als Boten Gottes Nachrichten zu überbringen. Und so bekommt Maria von einem Engel prophezeit, dass sie Gottes Sohn zur Welt bringen wird. Auch den Hirten, die in der Weihnachtsgeschichte auf den Feldern vor Bethlehem ihre Schafe hüten, erscheint ein Engel. Dass dieser ausgerechnet den armen, wenig angesehenen Hirten die frohe Botschaft von der Geburt Jesu verkündet, ist etwas ganz Besonderes. Es soll zeigen, dass Gott seinen Sohn für alle Menschen, gleich welchen Standes und welcher Herkunft, auf die Welt geschickt hat.

Wenn man dies bedenkt, kann es zu Weihnachten also kaum genug Engel geben, die uns an diese wahrhaft frohe Botschaft erinnern.

Wir basteln Weihnachtskarten

Material

buntes Tonpapier
Watte
Glitzerstifte
Sternenstempel
Schere
Klebstoff

So wird's gemacht

1. Zunächst aus grünem Tonpapier ein etwa 17 x 23 cm großes Rechteck ausschneiden und in der Mitte zu einer Klappkarte falten.
2. Anschließend auf braunem Tonpapier einen eiförmigen Kopf und auf schwarzem oder dunkelbraunem Tonpapier zwei formschöne Geweihe aufmalen, ausschneiden und auf die Karte kleben. Die Geweihe können spiegelverkehrt zueinander sein, aber auch wild durcheinander. So kann man jedem Elch seinen ganz eigenen Charakter verleihen!
3. Dann noch eine schwarze oder rote Nase, größere weiße und kleinere schwarze Augen ausschneiden und übereinander aufkleben. (Ein verrückter Elch könnte z. B. auch schielen.)
4. Mit Watte oder Glitzerstift können dem Elch noch Haare oder Schnee auf das Geweih gezaubert werden.
5. Am Schluss aus cremefarbenem Papier ein Schildchen ausschneiden und mit Glitzerstift „Fröhliche Weihnachten" oder „Merry Christmas" daraufschreiben. Mit Stempeln oder Glitzerschnörkeln das Schildchen verzieren und unter den Elch kleben – fertig ist eine ganz persönliche Weihnachtskarte!

Still still still

Text und Melodie: Volkslied aus Salzburg

2. Schlaf, schlaf, schlaf,
Mein liebes Kindlein, schlaf!
Maria tut es niedersingen
Und ihr treues Herz darbringen.
Schlaf, schlaf, schlaf,
Mein liebes Kindlein, schlaf!

3. Groß, groß, groß,
Die Lieb' ist übergroß.
Gott hat den Himmelsthron verlassen
Und muss reisen auf den Straßen.
Groß, groß, groß,
Die Lieb' ist übergroß.

4. Ruht, ruht, ruht,
Weil's Kindlein schlafen tut.
Sankt Josef löscht das Lichtlein aus,
Die Englein schützen's kleine Haus.
Ruht, ruht, ruht,
Weil's Kindlein schlafen tut.

Weihnachtspost

Edith Schreiber-Wicke

Novalis saß am Fenster und schaute den Schneeflocken zu. Sie sahen hübsch aus, aber er wusste genau: Wenn man sie fing, waren sie erst kalt, dann nass und dann weg. Außerdem musste man dazu ins Freie gehen, und dort war es derzeit äußerst ungemütlich. Es machte mehr Spaß, im warmen Zimmer zu sitzen und die wirbelnden Dinger mit den Augen zu verfolgen.

Tina kam, um Novalis zu streicheln. Ein wenig ungeduldig wich er aus. Dass die Menschen nie bemerkten, wenn eine Katze anderweitig beschäftigt war … besonders die ganz kurzen Menschen, wie Tina einer war.

„Ich schreib einen Brief ans Christkind", sagte Tina zu Novalis. „Weil ich mir nämlich eine Menge Sachen wünsche. Und die muss man dem Christkind aufschreiben, sonst vergisst es womöglich was."

Novalis hörte aufmerksam zu. Das interessierte ihn. Wünsche hatte er nämlich auch.

Tina nahm ein Stück Papier und begann, blaue Zeichen draufzumalen.

Novalis hätte gern gewusst, wer dieses Christkind war. Und wo. Und warum es Wünsche erfüllte. Jedenfalls musste es ziemlich schlau sein, wenn es die Zeichen verstehen konnte, die Tina aufs Papier kritzelte. Novalis schaute mit schief gelegtem Kopf zu.

Ich will auch einen Brief schreiben, dachte er. Und er begann, in Gedanken zu formulieren:

Wertes Christkind,

wenn du wirklich so lieb bist, wie allgemein behauptet wird, dann ersuche ich dich höflich um die Erfüllung folgender Wünsche:

1. *Keine verschlossenen Türen mehr im Haus. Ich hasse Türen, die zu sind.*
2. *Öfter einmal Fisch zum Frühstück – oder auch zum Abendessen. Ich liebe Fisch.*
3. *Das Wichtigste: Schick mir einen Kollegen. Menschen sind ganz nett, aber eben doch nur Menschen, und gelegentlich will man kätzisch reden.*

Es reicht Dir die Pfote zum Gruß und Dank
Novalis, derzeit einziger Kater hier.

„So", dachte Novalis. „Jetzt muss ich nur noch Zeichen auf ein Papier bringen. Das gehört offensichtlich dazu."

Er versuchte es mit einem von Tinas Schreibstiften. Aber das Ding war nicht für Katzenpfoten gedacht. Es rollte über den Tisch und fiel auf den Boden.

Tina sagte etwas Unfreundliches zu Novalis.

Beleidigt ging Novalis ins Nebenzimmer. Einer von den großen Menschen saß da und zeichnete schwarze Striche auf ein weißes Papier. Die schwarze Farbe kam aus einem kleinen Tiegel, wie Novalis feststellte. Papier lag auch genug herum. Vorsichtig tauchte Novalis eine Pfote in den Tiegel und setzte sie dann auf weißes Papier. „Ausgesprochen schön", stellte er fest. „Das wird dem Christkind bestimmt gefallen."

Die laute, aufgeregte Stimme des Menschen schreckte ihn aus seiner Beschäftigung. „Lass das, du Untier. Troll dich da! Ausgerechnet ans Tuschfass muss er! Dieser Kater kostet mich meine letzten Nerven!"

Novalis flüchtete und reinigte seine schwarze Pfote am Vorzimmerteppich. Menschen! dachte er verstimmt. Haben einfach von nichts eine Ahnung. Grollend zog er sich unter ein Sofa zurück und versuchte, seine noch immer schwarze Pfote mit der Zunge zu säubern.

Auf einer geräumigen Wolke saßen mehrere Engel und sortierten Briefe.

„Was sich die Menschen so alles wünschen!“, sagte einer der Engel kopfschüttelnd.

„Weiß jemand, was ein Computerspiel ist?“, rief ein anderer.

„Keine Ahnung“, raunte ein Dritter. „Noch nie gehört. Wie ich neu hier war, haben sich Kinder Märchenbücher und Zuckerwerk vom Christkind gewünscht. Allerhöchstens einmal warme Winterschuhe.“

„Oh, was haben wir denn da?“ Einer der Engel hob ein weißes Papier mit schwarzen Pfotenabdrücken hoch. „Der Absender muss eine Katze sein. Das kommt nicht oft vor. Kann wer zufällig die Katzenschrift lesen?“

„Der Oberpostengel, soviel ich weiß“, rief jemand.

Und so landete der Brief mit den schwarzen Pfotenspuren auf einer rosaroten Eilwolke, die für den Oberpostengel bestimmt war.

„Du lieber Himmel, ein Brief von einer Katze! So was hab ich zuletzt vor mehr als dreihundert Jahren in den Händen gehabt“, brummte der Oberpostengel. Er setzte seine goldgefasste Brille auf und studierte eine Weile die schwarzen Spuren auf dem Papier. „Keine Chance“, murmelte er schließlich, „das muss an allerhöchster Stelle erledigt werden.“ Und er gab den Brief einem Express-Engel mit, der soeben vorbeiflog.

Das Christkind nahm gerade einen Stapel Post aus dem Fach mit der Aufschrift „Unmögliches“. So ganz nebenbei fiel sein Blick auf das Blatt Papier, das der Express-Engel abgegeben hatte. Das Christkind lächelte ... Wenig später lag der Wunschzettel, den Novalis geschrieben hatte, in der Abteilung „Genehmigt“. Versehen mit der eigenhändigen, allerhöchsten Unterschrift.

Novalis war wieder einmal beleidigt. Sie ließen ihn nicht auf den Tannenbaum klettern, den sie im großen Zimmer aufgestellt hatten. Sie schimpften, weil die Silberbälle alle zerbrochen waren. Er hatte doch nur ausprobiert, ob wenigstens einer hüpfen konnte. Und von den Glitzerfäden am Baum war ihm schrecklich schlecht geworden. Jetzt lag er unter dem Sofa und nahm übel.

Weihnachten ist blöd, dachte er. Nie wieder schreib ich dem Christkind einen Brief.

Die großen Menschen stapelten Pakete rund um den Tannenbaum. Es raschelte interessant, und Novalis kam unter dem Sofa hervor. Aber jetzt war es ihnen wieder nicht recht, dass er anfing auszupacken. Obwohl er das mit seinen Krallen wirklich hervorragend konnte.

„Das ist kein Kater, das ist eine Katastrophe!“, sagte einer der Menschen.

Novalis verstand nicht genau, was damit gemeint war. Aber dass es nichts Freundliches war, merkte auch der dickfelligste Kater. Und Novalis war nicht besonders dickfellig.

Er ging, um bei Tina Trost zu suchen. Die Zimmertür war wieder einmal zu. Auch das noch. Und niemand reagierte auf seine empörte Beschwerde. Zur Strafe kratzte er am Spannteppich. Dann legte er sich in eine Schachtel unter dem großen gemauerten Ofen und beschloss, Weihnachten zu verschlafen. Nach Katzenart schlief er auch tatsächlich sofort ein.

Novalis wachte von Tinas Stimme auf. „Novalis ist weg. Ich find ihn nirgends“, beklagte sie sich. „Ohne ihn kann man doch nicht Weihnachten feiern!“

Novalis fühlte sich verstanden, gähnte zufrieden und kam aus seinem Versteck.

„Wir lesen noch eine Weihnachtsgeschichte, bis es ganz dunkel ist", sagte einer der großen Menschen. „Komm zuhören, Novalis", rief Tina. „Geschichten sind fein."

„Na gut, weil Weihnachten ist", dachte Novalis friedfertig und legte sich neben Tina aufs Sofa.

Der Mensch mit der tiefen Stimme begann, aus einem dicken Buch vorzulesen.

Den Anfang der Geschichte versäumte Novalis, weil er versuchte, eine Fliege zu fangen. Aber dann hörte er zu. Es war alles ganz furchtbar traurig. Nirgends wollte man Josef und Maria einen Schlafplatz und was zu essen geben. Wo es doch so kalt draußen war. Novalis war nicht ganz sicher, ob mit Josef und Maria Menschen oder Katzen gemeint waren. Das machte aber auch keinen Unterschied. Nicht einmal einen Menschen durfte man bei so einem Wetter fortjagen! Er schüttelte sich bei dem Gedanken an Schnee, Kälte und Hunger.

„Seid barmherzig, lasst uns ein!", las der große Mensch.

Novalis stellte die Ohren auf. Irgendwas scharrte an der Tür. „Packt euch fort, hier ist kein Platz für euch!", las der Mensch weiter. Diesmal war das Geräusch an der Tür nicht zu überhören. „Passt ja direkt zur Geschichte", sagte der Mensch. Er legte das Buch weg und ging hinaus, um nachzuschauen.

„Seht mal, was da draußen war", sagte der Mensch, als er wieder hereinkam. Er setzte ein struppiges, nasses Etwas auf den Fußboden, das sich zunächst einmal kräftig schüttelte und dann dreimal nieste.

Das könnte eine Katze werden, wenn es trocknet, dachte Novalis. Er ging schnuppernd näher. Das nasse Etwas nieste wieder und wich vor Novalis zurück.

„Kommst du vom Christkind?", fragte Novalis. „Kenn ich nicht", sagte das Nasse. „Ich geh am besten wieder."

„Kommt nicht infrage", brummte Novalis. „Du bist mein Weihnachtsgeschenk!"

„Ich koche Fisch für die Katzen", sagte der Mensch mit der hellen Stimme.

Noch ein Geschenk, staunte Novalis. Nie wieder schimpf ich auf Weihnachten!

Nach einer Weile kam der Mensch mit der hellen Stimme wieder und sagte zu dem Menschen mit der dunklen Stimme: „Hast du schon bemerkt? Im ganzen Haus kann man die Türen nicht mehr zumachen. Sie klemmen oder so was Ähnliches."

„Also gründlich ist es. Das muss man dem Christkind wirklich lassen", dachte Novalis.

Weihnachten

Joseph von Eichendorff

Markt und Straßen steh'n verlassen,
Still erleuchtet jedes Haus,
Sinnend geh' ich durch die Gassen,
Alles sieht so festlich aus.

An den Fenstern haben Frauen
Buntes Spielzeug fromm geschmückt,
Tausend Kindlein steh'n und schauen,
Sind so wunderstill beglückt.

Und ich wandre aus den Mauern
Bis hinaus ins freie Feld,
Hehres Glänzen, heil'ges Schauern!
Wie so weit und still die Welt!

Sterne hoch die Kreise schlingen,
Aus des Schnees Einsamkeit
Steigt's wie wunderbares Singen –
O du gnadenreiche Zeit!

Bald, ganz bald ...

Letzte Vorbereitungen im Familientrubel

Vorweihnachtstrubel

Ursel Scheffler

Grüner Kranz mit roten Kerzen,
Lichterglanz in allen Herzen,
Weihnachtslieder, Plätzchenduft,
Zimt und Sterne in der Luft.
Garten trägt sein Winterkleid,
wer hat noch für Kinder Zeit?

Leute packen, basteln, laufen,
grübeln, suchen, rennen, kaufen,
kochen, backen, braten, waschen,
rätseln, wispern, flüstern, naschen,
schreiben Briefe, Wünsche, Karten,
was sie auch von dir erwarten.

Doch wozu denn hetzen, eilen,
schöner ist es zu verweilen
und vor allem dran zu denken,
sich ein Päckchen „Zeit“ zu schenken.
Und bitte lasst noch etwas Raum
für das Christkind unterm Baum!

Gewürz-Elche

für ca. 15 Elche

Für den Teig

190 g Mehl
125 g Zucker
½ TL Zimt
½ TL gemahlene Nelken
½ TL Natron
1 Prise Salz
100 g weiche Butter
1 Ei
1 EL Honig

Für die Verzierung

30 Zweige, ca. 6 cm lang
1 TL Zitronensaft
5 TL Puderzucker
Schokolinsen

Zubereitung

1. Das Mehl mit dem Zucker, dem Zimt, den Nelken, dem Natron und dem Salz mischen. Anschließend die Butter, die Eier und den Honig dazugeben und alles zu einem glatten Teig verarbeiten.
2. Den Teig zu einer großen Kugel formen, diese in Frischhaltefolie wickeln und am besten über Nacht in den Kühlschrank legen.
3. Den kalten Teig auf einer bemehlten Fläche knapp 1 cm dick ausrollen und große Kreise ausstechen. In diese Köpfe dann immer zwei heiß abgespülte Zweige als Geweih stecken.
4. Die Elche auf ein Backblech mit Backpapier legen und 12 bis 15 Minuten im vorgeheizten Ofen bei ca. 170 °C backen. Achtung: Die Plätzchen gehen ziemlich auf!
5. Sobald die Elche abgekühlt sind, aus dem Zitronensaft und dem Puderzucker eine Glasur rühren und damit das Gesicht zeichnen. Die Schokolinsen mit der Glasur als Nasen aufkleben.

Tipp

Da die Zweige mitgebacken werden, sind sie keimfrei. Aber mitessen sollte man sie natürlich trotzdem nicht.

Morgen, Kinder, wird's was geben

Text: Philipp Bartsch – Melodie: Carl Gottlieb Hering

2. Wie wird dann die Stube glänzen
von der großen Lichterzahl!
Schöner als bei frohen Tänzen
ein geputzter Kronensaal!
Wisst ihr noch, wie vor'ges Jahr
es am Heil'gen Abend war?

3. Wisst ihr noch die Spiele, Bücher,
und das schöne Hottepferd,
schönste Kleider, wollne Tücher,
Puppenstube, Puppenherd?
Morgen strahlt der Kerzen Schein,
morgen werden wir uns freu'n!

4. Wisst ihr, wie wir Lieder sangen
unterm bunten Weihnachtsbaum?
Wie vom Turm die Glocken klangen?
Alles war uns wie im Traum.
Wisst ihr noch vom vor'gen Jahr,
wie's am Weihnachtsabend war?

Wir basteln Weihnachtselche

Material
Tannenzapfen
kleine weiße Holzperlen
größere rote Holzperlen
Zweige
Bastelleim
schwarzer Lackmalstift
evtl. Kordel

So wird's gemacht

1. Die weißen Holzperlen mit Bastelleim auf den Tannenzapfen kleben und trocknen lassen.
2. Anschließend mit Lackmalstift vorsichtig kleine schwarze Pupillen aufmalen. Es macht auch nichts, wenn der Elch ein bisschen schielt.
3. Eine rote Holzperle als Nase aufkleben und ebenfalls gut trocknen lassen.
4. Am Schluss noch Zweige als Geweih hinten in den Tannenzapfen stecken und mit Bastelleim fixieren.
5. Dieser niedliche und schnell gebastelte Weihnachtselch verwandelt den Esstisch in einen stimmungsvollen Weihnachtstisch – zum Beispiel indem man einen auf jeden Teller legt, besonders schön mit roten Weihnachtsservietten. Alternativ kann er aber auch mit Kordel an den Weihnachtsbaum gehängt werden.

Schoko-Knusperberge

für ca. 80 Stück

Zutaten

300 g Vollmilch-Schokolade
200 g Zartbitter-Schokolade
100 g Kokosraspeln
150 g Cornflakes
50 g Mandelstifte

Zubereitung

1. Die Schokolade in eine große Auflaufform legen und im vorgeheizten Ofen bei 75 °C schmelzen lassen. Das dauert 10 bis 20 Minuten.
2. Dann die Auflaufform aus dem Ofen nehmen und die Kokosraspeln, Cornflakes und Mandelstifte gut mit der Schokolade verrühren. Die Cornflakes eventuell vorher ein bisschen zerkleinern. Besonders lecker ist es auch, wenn man die Mandeln mit etwas Vanillezucker in der Pfanne oder im Backofen karamellisiert.
3. Anschließend mit zwei Löffeln kleine Häufchen der Schokoladenmasse auf vorher ausgelegtes Backpapier setzen. Dann einfach warten, bis die Schokolade hart geworden ist.

Tipp

Die Zusammensetzung des Rezeptes kann nach Belieben verändert werden. Wer z. B. kein Kokos mag, kann mehr Cornflakes und Mandeln verwenden. Man kann auch Zimt, Rosinen, andere Nüsse oder weiße Schokolade nehmen.

Alles sehr merkwürdig

Achim Bröger

Meine Familie dreht durch, wirklich. Ich liege harmlos auf dem Teppich im Wohnzimmer, alle viere von mir gestreckt. Sonst bückt sich mal einer und streichelt mich. Aber heute stolpern sie nur über mich. Und sie reißen ständig die Tür auf, rennen rein und raus wie wild, rufen: „Weg da! Aus dem Weg, Flocki!“

Flocki, das bin ich. Leider. Ob einer von ihnen krank ist? Ich mach' mir Sorgen um sie.

Da poltert schon wieder jemand über den Flur und stößt die Wohnzimmertür auf. Ach, der Große ist es. Papa nennen sie ihn. Papa, Mensch, fall nicht über mich. Schon passiert. Knurr' ich ihn an? Ne, lieber nicht. Sonst knurrt er zurück. Was schleppt er ins Wohnzimmer, der Papa? Ein Baum. Will er den verheizen? Ne, glaub' ich nicht. Meine Familie heizt mit Öl. Bestimmt hat er den Wohnzimmerbaum für mich besorgt, fällt mir da ein. Der Papa möchte nicht, dass ich bei der Kälte raus muss, um mein Bein am nächsten Straßenbaum zu heben. Ist das lieb! So ein schöner Baum und ganz für mich! Vor Dankbarkeit spring' ich auf und renn' zum Baum. Den will ich unbedingt und gleich ausprobieren. Ich hebe gerade mein Bein, da keift der Papa los: „Lass das! Der ist nicht für dich!“

Ach so ... jetzt bin ich aber beleidigt. Schwanz eingekniffen – und unter das Sofa. Ich möchte nur wissen, was er mit dem grünen Ding im Wohnzimmer anfangen will.

Das ist heute alles sehr merkwürdig. Ich krieche nach vorne zu meiner alten Stelle auf dem Teppich.

Vorsicht! Der Papa kommt ... und zack ... stolpert er wieder über mich. Ich jaule laut auf, damit er mich zum Trost streichelt.

So ... das war laut genug. Na los ... bück dich, Großer, streichle mich. Aber nein, das tut er nicht. Er knurrt nur: „Lieg nicht im Weg. Verschwinde!“

Unfreundlicher Kerl, denke ich. „Du sollst hören! Verschwinde!“, ruft er und reißt die Tür auf. Er zeigt zum Badezimmer. Dorthin soll ich immer, wenn ich im Weg bin. Ich will aber nicht. Die Fußbodenfliesen sind so schaurig kalt. Leider muss ich.

Ich liege da und spitze die Ohren. Aus den Zimmern der Kinder poltert und hämmert es. Aber vor allem riecht es überall ganz unverschämt gut nach

großem Vogel. Der Duft kommt aus der Küche. Gesehen hab' ich den Vogel auch schon. Die Mama hat ihn reingetragen. Ein Riesending ohne Federn.

Eigentlich ist das ungerecht. Ich darf keine Vögel jagen und schnappen, nicht mal einen kleinen. Das haben sie mir streng verboten. Wenn ich's doch tue, komme ich an die Leine. Aber die holen sich einfach einen Vogel. Ob die Mama höchstpersönlich hinter ihm hergerannt ist und ihn geschnappt hat? Das hätte ich ja zu gerne gesehen. Danach hätte ich die Mama zur Strafe an die Leine genommen.

Wumm! wird die Tür aufgestoßen. Ich kann gerade noch wegspringen. Der Kleinste rast ins Badezimmer und wäscht sich die Hände. Ob er mit mir spielt? Ich stups' ihn ins Knie. Dann renne ich ein paar Schritte weg. Meistens rennt er hinter mir her. Heute murmelt er nur: „Keine Zeit. Ich muss noch was fertig machen, und dann will ich die Schuhe putzen."

Der will die Schuhe putzen! Der ist irre geworden. Er hat auch so einen seltsam roten Kopf und so ein komisches Glitzern in den Augen. Und schon flitzt er raus. Ich muss nachdenken, was das bedeutet. Ein Baum im Zimmer? In der Küche ein großer Vogel? Gebäckduft? Alle laufen aufgeregt hin und her und flüstern miteinander. Der Kleinste putzt die Schuhe. Freiwillig! Da fällt mir noch ein, dass Mutter gestern das Haus geputzt hat, und Vater hat Päckchen aus dem Auto geholt.

Jetzt bin ich fast ein dreiviertel Jahr alt, aber so eine Aufregung und so ein Durcheinander habe ich bisher nie erlebt. Mal schauen, was sonst noch alles los ist.

„Wo hast du denn die Kerzen?“, höre ich Mama. Wieso sucht sie Kerzen? Das elektrische Licht brennt doch. Wir haben keinen Stromausfall wie vor ein paar Wochen. Na ja, wahrscheinlich kommt er noch, der Stromausfall. Jetzt ruft der Papa aus der Küche zur Mama ins Wohnzimmer: „Die Kerzen wolltest du mitbringen!“

„Ne, du“, kommt von ihr zurück.

„Ich weiß genau, dass du gesagt hast: Ich bring' rote Kerzen mit“, behauptet er.

„Kann nicht sein“, meint sie, „ich will gelbe.“ Dann rufen sie beide: „Klaus!“ Das ist der Älteste. Und es passiert noch ein Wunder. Klaus kommt sofort, als sie nach ihm rufen. Sonst trödelt er sehr.

„Lauf bitte schnell zum Kiosk und kauf vier Kartons rote Kerzen“, sagt Papa.

„Ne, gelbe“, sagt Mama.

„Also gut, zwei Kartons rote und zwei Kartons gelbe“, entscheidet Klaus. Im nächsten Augenblick rennt er los. Mensch, hat der es eilig, und vier Kartons Kerzen will er holen. Dann gibt es bestimmt lange keinen Strom. Jetzt höre ich die Mama: „Wir müssen uns beeilen. Die Verwandtschaft kommt in eineinhalb Stunden.“ Ich verstehe ... das wird heute eine Familienversammlung. Stromausfall und Rudeltreffen. Aber ne, dahinter steckt mehr, denn im Wohnzimmer sägt Papa unten am Baum herum. Das tut er sonst nie, wenn die Verwandtschaft kommt.

Ob er den Baum Stück für Stück zersägt? Wahrscheinlich kriegt dann jeder Verwandte ein Stück Baum in die Pfoten ... ne ... Hände heißt das ja bei denen. Dann wäre das grüne Ding gerecht verteilt.

Aber Papa sägt nur das unterste Stückchen vom Baum ab. Jetzt kommt Susanne und zeigt ihm etwas. „Ist schön geworden“, flüstert er. In dem Augenblick öffnet Mama die Wohnzimmertür. Susanne versteckt das schöne Ding hinterm Rücken und drückt sich an Mama vorbei.

Aha, Geheimnisse haben sie voreinander. Aber sonst tun sie, als würden

sie sich alles erzählen. Da spiele ich nicht mit! Los, hinter Susanne her! Ich werde ihr das geheimnisvolle Ding abjagen und es Mama bringen. Schließlich gibt sie mir immer Futter. Sie soll auch mal was von mir kriegen.

Ich spring' an Susanne hoch und habe es schon fast im Maul, das geheimnisvolle Päckchen. Aber da wird Susanne giftig und schimpft: „Lass das! Verschwinde!“ Sie stößt mich weg. Ich geb' auf und versteck' mich unterm Sofa.

Klaus kommt gerade mit den Kerzenkartons zurück. Zur Abwechslung ruft Papa jetzt ganz erschreckt: „Schon so spät! Und der Baum steht immer noch nicht!“

Wieso soll der Baum zu einer bestimmten Zeit im Wohnzimmer stehen? Keine Ahnung. Und als er dann aufrecht, prächtig und grün mitten im Zimmer viel Platz wegnimmt, passiert schon wieder etwas Komisches. Sie lassen ihn nicht einfach so stehen, nein, sie hängen runde Glaskugeln dran. Seltsam, seltsam. Und während sie das tun, fragt Klaus: „Wann zünden wir den Baum an?“

Ne, das gibt es nicht! Baumanzünden in der Wohnung! Die machen heute nur Quatsch. Mit zwei Sätzen springe ich zum Baum. Ich stell' mich davor und knurre jeden an, der näher kommt. Im Notfall werde ich auch beißen. Ich zeige ihnen schon mal meine Zähne, diesen Brandstiftern.

„Ich kann den Baum nicht schmücken, wenn mich der verrückte Kerl nicht ranlässt“, schimpft der Große. Wer ist denn hier verrückt, hm? Erst den Baum schmücken und dann anzünden. Ich bin ganz verwirrt und verstehe gar nichts mehr. Sie sind sonst ziemlich normale, nette Leute. Aber heute ist irgendeine Schraube bei ihnen locker. Eigentlich hat das schon vor ein paar Tagen angefangen. Plötzlich wurden sie alle aufgeregt. Dann sind sie nicht mehr zur Schule und zur Arbeit gegangen. Wahrscheinlich ist es irgendwas mit den Nerven. Was sehr Ansteckendes.

Mama sagt zu den Kindern: „Ihr müsst euch umziehen! Und der Hund soll noch gekämmt werden.“ Bloß nicht. Das ziept so.

Moment mal, ich glaube, dass ich was verstanden habe. Sie ziehen sich manchmal um, wenn sie weggehen. Wahrscheinlich gehen sie also weg, sozusagen Gassi. Ich darf mit und soll vorher gekämmt werden. Aber die Verwandtschaft kommt hierher, das ganze Familienrudel. Jetzt dämmert's mir. Klar, weil die Verwandtschaft kommt, geht meine Familie. Sonst wäre nicht genug Platz für die Verwandtschaft. Aber der Baum, was soll der? Wahrscheinlich kommt er mit. Vielleicht wurden meine Straßenbäume abgehackt. Das wär' dann der Ersatzbaum, und sie schmücken ihn, damit er schön aussieht. Aber warum wollen sie ihn anzünden? Damit komme ich nicht klar. Man kann die Menschen eben nicht ganz verstehen, tröste ich mich.

Ich leg' mich an die Küchentür. Dort ist der Duft am herrlichsten. Vor allem der große Vogel riecht … hm, ganz wunderbar. Dazu kommt noch ein Geruch. Irgendeine besonders gute Wurst.

Die Küchentür steht offen und die Speisekammertür auch. Sehr nett. Auf leisen Sohlen in die Küche und zur Speisekammer geschlichen. Da guckt mich eine unglaublich prachtvolle Wurst an. Sie duftet … zum Verlieben, zum Auffressen herrlich. Das halte ich nicht aus. Die schnappe ich mir. Schon geschehen. Und jetzt husche ich unauffällig mit der Wurst im Maul

über den Flur und suche uns ein gemütliches Plätzchen, meiner duftigen Wurst und mir.

Keiner hat uns gesehen. Unterm Wohnzimmersofa liege ich sehr gemütlich, die Wurst zwischen den Pfoten. Der Große hängt Sachen an den Baum, den er nachher anzünden will, und niemand verbietet ihm das. Im Gegenteil, die Mama kommt und lobt ihn. Verstehe ich nicht, aber die Wurst schmeckt.

Jetzt klopfen die Kinder an die Tür und fragen: „Wie lange dauert's denn noch?"

„Na, eine Viertelstunde", antwortet die Mama. Warum klopfen die Kinder plötzlich? Das tun sie sonst nicht. Egal, noch ein Happen, und die Wurst ist aufgefuttert. Leider, lecker war's. Und jetzt verziehe ich mich an die frische Luft. Das tut gut nach dem Essen. Vielleicht vergessen sie in der Zwischenzeit, dass sie mich eigentlich kämmen und bürsten wollten.

„Wo kommst du denn her?", fragt der Papa, als ich unter dem Sofa vorkrieche. Dumme Frage, er sieht doch, wo ich herkomme.

Ich stell' mich vor die Haustür und belle. Da wissen sie, dass ich raus will. Der Kleine macht die Tür auf. Nett von ihm. „Flocki ist ja noch gar nicht gekämmt!", ruft Susanne hinter mir her. „Alte Petze", knurre ich. Leider versteht sie mich nicht. Schön ist es draußen. Aus den meisten Häusern scheint Kerzenlicht. Da hat der Stromausfall wohl schon angefangen.

Ein Mann kommt mir entgegen. Wer ist denn das? Auf dem Kopf trägt er eine rote Mütze, und auch sein Mantel ist rot. Ein dicker Rauschebart verdeckt das Gesicht. Und auf dem Rücken schleppt er einen Sack. Sehr verdächtig finde ich das und gehe hinter ihm her.

Der seltsame Kerl will zu uns, merke ich. Das kommt nicht infrage! Schließlich bin ich der Wachhund. Ich renne zu unserer Haustür und stelle mich davor. Keinen Schritt weiter, heißt das, sonst beiße ich. Zur Warnung knurr' ich den Mann an. Aber der geht noch einen Schritt auf mich zu. Er kann wohl nicht hören.

So ein komischer Kerl! Der ist ja schlimmer als der Briefträger. Jetzt fasst er den Türgriff an. Ich fasse auch zu und zwicke ihn kräftig ins Hosenbein. Da jault er auf. Den Türgriff lässt er los und rennt den Gehsteig hinunter. Ein Stückchen renn' ich hinter ihm her, spring' an ihm hoch und belle.

Den hab' ich verscheucht, hat Spaß gemacht. Wehe, der lässt sich noch mal blicken! Bei uns kommt keiner rein, wenn ich das nicht will.

Jetzt taucht die Verwandtschaft auf, Opas, Omas, Onkel und Tanten. Ich gehe mit ihnen ins Haus. Das Familienrudel ist vollzählig. Aber nein, es fehlt wohl doch noch jemand, denn jeden Augenblick rennt eines der Kinder zur Haustür, guckt raus und fragt: „Wann ist er denn endlich da, der ...?" Und dann sagen sie ein komisches Wort, das ich nicht richtig verstehe. Ich hab' es vorher noch nie gehört. Es klingt nach Nacht und Mann, mit irgendwas davor. Ob der auch zur Verwandtschaft gehört?

Wann dieser Mann da sein wird, weiß ich nicht. Aber auf keinen Fall kommt einer mit rotem Mantel, Bart im Gesicht und Sack auf dem Rücken. Den hab ich verscheucht. Und wenn der noch mal kommen sollte, ist was los.

Die Mama fragt: „Wo steckt denn die Extrawurst für Flocki?“ Ach so, das war meine Wurst, die ich vorhin gefressen habe. Die steckt in meinem Bauch. Da steckt sie ganz prima.

„Ich finde sie nicht“, höre ich aus der Küche. „Aber für alle Fälle habe ich eine zweite Wurst. Die legen wir ihm unter den Baum.“

Sehr gut. Die Mama ist ausgesprochen nett. Ich verstehe bloß nicht, warum die Wurst unter den Baum gelegt wird. Normalerweise kommt mein Futter in den Napf.

Plötzlich höre ich ein Pochen an der Terrassentür im Wohnzimmer. Nichts wie hin. Und wen sehe ich? Den Kerl mit Rauschebart und Sack auf dem

Rücken. Der Papa springt auf. Ich aber auch. Er öffnet die Terrassentür und ich mein Maul. Laut bellend stürze ich mich auf den seltsamen Kerl. „Flocki", rufen alle. „Nicht!" Warum denn nicht? Die sind gemein. Ich soll wohl gar keinen Spaß haben. Der Kerl ist verdächtig. Das finden sie aber gar nicht. Sie lächeln ihn freundlich an. „Endlich!", sagt die Mama, und der Komische mit Rauschebart sagt: „Ich wär' früher gekommen und nicht durch die Terrassentür. Aber der hat mich verjagt." Er zeigt auf mich, und ich kläffe stolz. Sie sollen ruhig merken, wie tüchtig ich bin. „Aber Flocki", erklärt Susanne, „das ist doch der …"

Wieder höre ich dieses seltsame Wort mit Nacht und Mann und irgendwas davor, was ich noch nie gehört habe. Danach sagt der Papa: „Jetzt zünden wir den Baum an." Ich jaule noch mal. Das sollen sie nicht tun. „Pst, Flocki", beruhigt mich Mama. Und dann meint sie: „Den Flocki verwirrt der Rummel heute sehr."

„Kann man wohl sagen", knurre ich. Aber mich versteht ja doch niemand. Jetzt beachtet mich auch keiner mehr. Alle drängeln ins Wohnzimmer. Mir ist klar, dass ich heute sehr gut aufpassen muss. Sonst geht noch mehr schief. Es ist schon ein seltsamer Tag, wirklich.

Haselnussküsschen

für ca. 50 Makronen

Für den Teig
3 Eiweiß
220 g Zucker
350 g gemahlene Haselnüsse

Für die Verzierung
50 g weiße Schokolade
ca. 50 ganze Haselnüsse

Zubereitung

1. Zunächst das Eiweiß sehr steif schlagen. Dann langsam den Zucker einrieseln lassen und den Eischnee weitere 10 Minuten schlagen. Schließlich noch die gemahlenen Haselnüsse vorsichtig unterheben.
2. Mit zwei Teelöffeln kleine Häufchen oder mit gezuckerten Händen kleine Kugeln formen und mit etwas Abstand auf Bleche mit Backpapier legen. (Nach Belieben kann der Teig auch auf Oblaten gesetzt werden.)
3. Diese Makronen 20 bis 25 Minuten bei ca. 150 °C backen. Danach abkühlen lassen.
4. Am Schluss die Schokolade schmelzen und mit einem Klecks davon eine Haselnuss auf jede Makrone kleben.

Tipp

Die ganzen Haselnüsse kann man auch vor dem Backen leicht in den Teig drücken. Dann können die Plätzchen mit der Schokolade einfach verziert werden.

Der Weihnachtsbaum

Festlichkeit in grünem Kleid

Zu Weihnachten stellen fast alle Familien einen Tannenbaum in ihr Wohnzimmer und schmücken ihn festlich. Aber woher kommt dieser Brauch überhaupt? Schon im alten Rom holten sich die Menschen immergrüne Pflanzen in ihr Heim, weil diese Lebenskraft, Gesundheit, Hoffnung und den Frühling verkörperten. Erst vor 400 Jahren begann man im Elsass, ganze Bäume aufzustellen, was sich zunächst nur reiche Leute leisten konnten. Die Nadelbäume wurden dann Paradiesbäume genannt und mit Äpfeln und Papierrosen geschmückt, da die rote und grüne Farbe das Leben versinnbildlichten. Später kamen auch Gebäck und Nüsse dazu, während Kerzen erst im 18. Jahrhundert die Tannenbäume in echte Christbäume verwandelten. Sie sollten nämlich daran erinnern, dass Jesus das Licht der Welt ist.

Nach und nach verbreiteten sich die Weihnachtsbäume, und über die Jahre veränderte sich auch der Christbaumschmuck. Glasbläser fingen an, Glaskugeln an ihre Bäume zu hängen, weil sie sich keine Äpfel leisten konnten. Sterne aus Stroh und Papier sollten an die Krippe und den Stern erinnern, der die Weisen aus dem Morgenland zu Jesus geführt hat. Und so wurden die Paradiesbäume von einst immer mehr zu den Weihnachtsbäumen, die wir heute alle kennen.

Kometenschnelle Zimtsterne

für ca. 80 Stück

Für den Teig

500 g gemahlene Mandeln
300 g Puderzucker
2 TL Zimt
2 Eiweiß
1–2 EL Mandelsirup

Für die Glasur

1 Eiweiß
125 g Puderzucker

Zubereitung

1. Für den Teig die gemahlenen Mandeln mit dem Puderzucker und Zimt mischen.
2. Anschließend das Eiweiß und ein bis zwei Esslöffel Mandelsirup dazugeben und alles verrühren. Am Schluss den Teig noch mit den Händen glatt kneten.
3. Nun den Teig portionsweise auf einer mit Puderzucker bestreuten Arbeitsfläche etwa einen Zentimeter dick ausrollen.
4. Dann werden die Sterne ausgestochen und auf ein mit Backpapier belegtes Backblech gelegt. Am besten das Ausstechförmchen zwischendurch immer wieder in etwas Puderzucker tauchen, damit der Teig nicht kleben bleibt.
5. Für die Glasur das Eiweiß sehr steif schlagen. Den Puderzucker nach und nach unterrühren und die Sterne mit der Puderzuckerglasur bepinseln.
6. Die Sterne im vorgeheizten Backofen auf der untersten Schiene 8 bis 15 Minuten bei ca. 150 °C backen. Sie müssen herausgenommen werden, bevor die Glasur gelb wird. Der Kern der Plätzchen soll ruhig noch etwas feucht sein.
7. Die fertigen Zimtsterne dann getrennt von anderen Plätzchen und am besten mit ein bis zwei Apfelstückchen in einer Dose aufbewahren, damit sie nicht hart werden.

Annes Weihnachtszug

Maja von Vogel

Da kommt der Zug!“, ruft Anne und schnappt sich ihren Rucksack. Papa nimmt den Koffer und Mama den Proviantkorb und die Tasche mit den Weihnachtsgeschenken. Auf dem Bahnsteig ist es gerammelt voll.

„Wollen die etwa alle in unseren Zug?“, fragt Mama und seufzt. „Vielleicht hätten wir doch das Auto nehmen sollen.“

Aber Anne findet es prima, dass sie mit dem Zug zu Oma fahren. Das ist viel spannender, als die ganze Zeit im Auto zu sitzen. Noch besser findet sie allerdings, dass heute Weihnachten ist. Oma hat ihr versprochen, dass sie nachher mit ihr zusammen den Weihnachtsbaum schmücken darf. Und dann gibt es auch noch Geschenke!

„Müssen die Leute so drängeln?", schimpft eine alte Frau mit lila Haaren. „Eine Zumutung ist das!"

„Gib mir deine Hand", sagt Mama zu Anne. „Damit wir uns im Gedränge nicht verlieren."

Der Zug hält, und die Türen öffnen sich. Ein paar Leute steigen aus, und ganz viele wollen einsteigen. Alle haben Taschen, Koffer und Geschenke dabei. Anne schiebt sich neben Mama vorwärts. Endlich können sie einsteigen, doch dann geht es nicht mehr weiter. Der Gang ist vollgestopft mit Fahrgästen und Gepäck. Die Plätze in den Abteilen sind alle besetzt.

„Lassen Sie mich durch!", ruft die Frau mit den lila Haaren. „Ich habe reserviert!"

Komisch, denkt Anne. Gerade hat sie noch über die Drängler geschimpft und jetzt drängelt sie selbst.

„Ich glaube, wir müssen erst mal hier bleiben", sagt Papa und stellt den Koffer im Gang ab. „Vielleicht finden wir ja später noch Sitzplätze."

Während der Zug langsam anfährt, setzt sich Anne auf den Koffer und betrachtet die Leute. Die meisten sehen ziemlich genervt aus. Eine Frau schimpft am Handy auf den überfüllten Zug. Ein Mann beschwert sich, weil er nicht zum Speisewagen durchkommt. Die Frau mit den lila Haaren ist inzwischen bei ihrem Abteil angelangt.

„Das ist mein Platz", sagt sie zu einem Jungen und wedelt mit ihrer Fahrkarte.

Der Junge setzt sich neben Anne auf den Gang. Er grinst Anne zu, und Anne grinst zurück. Der Junge holt eine Gitarre heraus und klimpert darauf herum. Anne summt ein bisschen mit. Sie findet es eigentlich ganz gemütlich hier. Außerdem freut sie sich auf Heiligabend bei Oma. Ob die anderen Fahrgäste vielleicht gar nicht wissen, dass heute Weihnachten ist?

Mama gibt Anne ein Stück Lebkuchen aus dem Proviantkorb. Anne kaut genüsslich und schaut sich die verschneite Landschaft an, die vor dem Fenster vorbeirast. Der Zug fährt ganz schön schnell. Aber was ist das? Auf einmal wird er immer langsamer und langsamer, bis er schließlich stehen bleibt – mitten auf einem weiten, weißen Schneefeld.

„Was ist denn jetzt schon wieder los?", stöhnt die Frau mit dem Handy.

Auch die anderen Fahrgäste schimpfen oder schütteln ärgerlich die Köpfe.

Da kommt eine Durchsage: „Verehrte Fahrgäste! Die Weiterfahrt unseres Zuges verzögert sich wegen eines technischen Defekts um wenige Minuten. Wir bitten um Ihr Verständnis."

„Eine Unverschämtheit!", hört Anne die Frau mit den lila Haaren aus ihrem Abteil rufen.

„Was ist ein technischer Defekt?", fragt Anne.

„Das bedeutet, dass etwas am Zug kaputt ist", erklärt Papa. „Aber das ist bestimmt schnell wieder repariert."

Doch fünf Minuten später steht der Zug immer noch. Auch nach zehn Minuten ist noch nichts passiert.

„Na super, jetzt verpasse ich meinen Anschlusszug!", meckert die Handy-Frau.

Der Mann neben ihr schimpft: „Und weit und breit kein Schaffner in Sicht, der einem sagt, was los ist – typisch!"

„Hoffentlch schmückt Oma jetzt nicht ohne mich den Baum", sagt Anne. „Wenn der Zug nicht weiterfährt, müssen wir dann hier Weihnachten feiern?"

Bei dem Gedanken spürt Anne einen Kloß im Hals. Weihnachten ohne Weihnachtsbaum und Weihnachtsessen, stattdessen mit lauter schlecht gelaunten Leuten – das stellt sich Anne lieber nicht vor. Außerdem wäre Oma dann ganz alleine.

„Keine Angst, der Zug fährt bestimmt bald weiter. Und Oma sage ich Bescheid, dass wir später kommen", beruhigt Papa sie und holt sein Handy heraus.

Annes Magen knurrt. „Kann ich noch ein Plätzchen haben?", fragt sie Mama.

Mama holt die Dose mit den Weihnachtskeksen aus dem Proviantkorb. Als sie den Deckel öffnet, schnuppert Anne. Hmm, das riecht lecker! Nach Lebkuchen, Zimtsternen und Spekulatius. Der Junge mit der Gitarre, der neben Anne sitzt, schnuppert auch.

„Willst du einen Keks?", fragt Anne und hält ihm die Dose hin .

„Gerne", sagt der Junge und greift in die Dose. „Ich heiße übrigens Benni."

„Ich bin Anne", sagt Anne. „Kannst du auch Weihnachtslieder auf der Gitarre spielen?"

Benni zuckt mit den Schultern. „Keine Ahnung. Ich kann's ja mal probieren."

Dann spielt er die ersten Akkorde von ‚Stille Nacht, heilige Nacht'. Anne singt mit, aber nur ganz leise.

Als das Lied zu Ende ist, lächelt ihr die Handy-Frau zu. „Das klingt aber hübsch. Sing doch noch ein Lied!" Ein paar von den anderen Fahrgästen lächeln ebenfalls und nicken.

„Aber nur, wenn Benni auch mitsingt", sagt Anne und wird ein bisschen rot, weil alle sie anschauen.

Benni stimmt ‚Alle Jahre wieder' an und singt mit Anne alle drei Strophen. Als sie fertig sind, klatschen ein paar Leute.

„Könnt ihr auch ‚Vom Himmel hoch, da komm ich her'?", fragt der Mann, der vorhin noch in den Speisesaal wollte. „Das mag ich besonders gern."

Jetzt wünschen sich auch noch andere Fahrgäste Lieder. Benni und Anne

singen ein Lied nach dem anderen. Bald singen auch Mama und Papa mit – und die Frau mit dem Handy. Das klingt schon fast wie ein richtiger Chor, findet Anne.

Da schallt plötzlich aus einem Abteil eine laute Stimme, die alle anderen fast übertönt. Die alte Frau mit den lila Haaren erscheint in der Tür und singt ‚O Tannenbaum' mit. Anne staunt. Die Frau klingt wie eine richtige Opernsängerin. Nach dem Lied klatschen alle.

Die Frau lächelt und winkt ab. „Es ist Jahre her, dass ich zum letzten Mal gesungen habe", sagt sie. „Ein Weihnachtskonzert im Zug – was für eine nette Idee!"

„Möchten Sie vielleicht einen Zimtstern?", fragt Anne, und die Keksdose macht noch einmal die Runde.

Plötzlich geht ein Ruck durch den Waggon, und der Zug setzt sich langsam wieder in Bewegung. Die Fahrgäste jubeln und klatschen. Endlich geht es weiter!

„Na also", sagt die Frau mit dem Handy. „Sieht ganz so aus, als könnten wir Heiligabend nun doch zu Hause verbringen."

Anne ist erleichtert. Sie freut sich schon auf Oma.

Draußen ist es inzwischen dunkel geworden. Als Anne aus dem Fenster schaut, fängt es an zu schneien. Der Schnee leuchtet weiß in der Dunkelheit. Da stimmt Benni ein neues Lied an, und alle singen mit: ‚Schneeflöckchen, Weißröckchen, wann kommst du geschneit …'. Die restliche Fahrt vergeht wie im Flug. Plötzlich sagt Papa: „Packt schon mal eure Sachen zusammen. Beim nächsten Bahnhof müssen wir aussteigen.“

Anne springt auf. Gleich sind sie da!

„Tschüss, Anne“, sagt Benni. „Hat Spaß gemacht, mit dir Weihnachtslieder zu singen.“ Anne nickt. „Finde ich auch.“

Während der Zug in den Bahnhof einfährt, verabschieden sich auch die anderen Fahrgäste von Anne.

„Das war wirklich eine schöne Zugfahrt!“, sagt die Frau mit dem Handy. „Trotz der Verspätung. Jetzt bin ich richtig in Weihnachtsstimmung!“

„Lass dich ordentlich beschenken“, sagt die alte Frau mit den lila Haaren und lächelt.

Bevor Anne aus dem Zug steigt, winkt sie allen noch einmal zu und ruft: „Tschüss, und fröhliche Weihnachten!“

Dann steht sie neben Mama und Papa auf dem Bahnsteig. Die Türen schließen sich, und der Zug fährt langsam an. Anne winkt ihm hinterher. Eigentlich schade, dass die Fahrt so schnell vorbeigegangen ist.

Da sieht sie plötzlich ein bekanntes Gesicht am anderen Ende des Bahnsteigs.

„Oma!“, ruft Anne und rennt los, direkt in Omas Arme.

„Da ist ja mein kleiner Weihnachtsengel“, sagt Oma und drückt Anne an sich.

„Hast du etwa schon den Baum geschmückt?“, fragt Anne.

Oma schüttelt den Kopf. „Natürlich nicht. Das wollten wir doch zusammen machen.“

Anne seufzt erleichtert. „Ein Glück!“

„War die Zugfahrt sehr langweilig?“, will Oma wissen.

„Langweilig?“, fragt Anne. „Kein bisschen. Schließlich sind wir mit einem richtigen Weihnachtszug gefahren!“

Fröhliche Weihnacht überall

Text: Hoffmann von Fallersleben – Melodie aus England

2. *Fröhliche Weihnacht …*
Licht auf dunklem Wege,
unser Licht bist du;
denn du führst, die dir vertraun,
ein zu sel’ger Ruh’.

3. *Fröhliche Weihnacht …*
Was wir andern taten,
sei getan für dich,
dass bekennen jeder muss:
Christkind kam für mich.

Alle Jahre wieder …

Das Weihnachtsfest

Eine Wintergeschichte

Max Bolliger

Es war einmal ein Mann. Er besaß ein Haus, einen Ochsen, eine Kuh, einen Esel und eine Schafherde.

Der Junge, der die Schafe hütete, besaß einen kleinen Hund, einen Rock aus Wolle, einen Hirtenstab und eine Hirtenlampe.

Auf der Erde lag Schnee. Es war kalt und der Junge fror. Auch der Rock aus Wolle schützte ihn nicht.

„Kann ich mich in deinem Haus wärmen?“, bat der Junge den Mann.

„Ich kann die Wärme nicht teilen. Das Holz ist teuer“, sagte der Mann und ließ den Jungen in der Kälte stehen.

Da sah der Junge einen großen Stern am Himmel. „Was ist das für ein Stern?“, dachte er. Er nahm seinen Hirtenstab, seine Hirtenlampe und machte sich auf den Weg.

„Ohne den Jungen bleibe ich nicht hier“, sagte der kleine Hund und folgte seinen Spuren. „Ohne den Hund bleiben wir nicht hier“, sagten die Schafe und folgten seinen Spuren. „Ohne die Schafe bleibe ich nicht hier“, sagte der

Esel und folgte ihren Spuren. „Ohne den Esel bleibe ich nicht hier“, sagte die Kuh und folgte seinen Spuren. „Ohne die Kuh bleibe ich nicht hier“, sagte der Ochse und folgte ihren Spuren.

„Es ist auf einmal so still“, dachte der Mann, der hinter seinem Ofen saß. Er rief nach dem Jungen, aber er bekam keine Antwort. Er ging in den Stall, aber der Stall war leer. Er schaute in den Hof hinaus, aber die Schafe waren nicht mehr da.

„Der Junge ist geflohen und hat alle meine Tiere gestohlen“, schrie der Mann, als er im Schnee die vielen Spuren entdeckte.

Doch kaum hatte der Mann die Verfolgung aufgenommen, fing es an zu schneien. Es schneite dicke Flocken. Sie deckten die Spuren zu. Dann erhob sich ein Sturm, kroch dem Mann unter die Kleider und biss ihn in die Haut. Bald wusste er nicht mehr, wohin er sich wenden sollte. Der Mann versank immer tiefer im Schnee: „Ich kann nicht mehr!“, stöhnte er und rief um Hilfe.

Da legte sich der Sturm. Es hörte auf zu schneien und der Mann sah einen großen Stern am Himmel. „Was ist das für ein Stern?“, dachte er. Der Stern stand über einem Stall, mitten auf dem Feld. Durch ein kleines Fenster drang das Licht einer Hirtenlampe. Der Mann ging darauf zu. Als er die Tür öffnete, fand er alle, die er gesucht hatte, die Schafe, den Esel, die Kuh, den Ochsen, den kleinen Hund und den Jungen. Sie waren um eine Krippe versammelt. In der Krippe lag ein Kind. Es lächelte ihm entgegen, als ob es ihn erwartet hätte.

„Ich bin gerettet“, sagte der Mann und kniete neben dem Jungen vor der Krippe nieder.

Am anderen Morgen kehrten der Mann, der Junge, die Schafe, der Esel, die Kuh, der Ochse und auch der kleine Hund nach Hause zurück. Auf der Erde lag Schnee. Es war kalt.

„Komm ins Haus“, sagte der Mann zu dem Jungen, „ich habe Holz genug. Wir wollen die Wärme teilen.“

O Tannenbaum

Text: Joachim August Zarnack und Ernst Anschütz – Melodie: Volksweise

2. O Tannenbaum, o Tannenbaum,
du kannst mir sehr gefallen.
Wie oft hat nicht zur Weihnachtszeit
ein Baum von dir mich hoch erfreut.
O Tannenbaum, o Tannenbaum,
du kannst mir sehr gefallen.

3. O Tannenbaum, o Tannenbaum,
dein Kleid will mich was lehren:
Die Hoffnung und Beständigkeit
gibt Kraft und Trost zu jeder Zeit.
O Tannenbaum, o Tannenbaum,
dein Kleid will mich was lehren.

Die Geschichte vom Weihnachtslicht

Rolf Krenzer

Als die Engel den Hirten verkündet hatten, dass im Stall von Bethlehem der König der Welt geboren worden war, da suchte jeder nach einem passenden Geschenk, das er dem Kind in der Krippe mitbringen wollte. Die Hirten liefen auseinander, verabredeten sich aber, dass sie sich nach kurzer Zeit treffen wollten, um gemeinsam zum Stall zu gehen, das Kind anzubeten und ihre Geschenke zu überbringen.

„Ich bringe ein Schäfchen mit!", meinte der eine.

„Ich eine Kanne voll frischer Milch!", sagte ein anderer.

„Und ich eine warme Decke!", rief ein Dritter.

Unter den Hirten war aber auch ein Hirtenknabe. Der war bettelarm und hatte nichts, was er dem Kind schenken konnte. Traurig lief er zum Schafstall und suchte in dem winzigen Eckchen, das ihm gehörte, nach etwas, was er vielleicht doch mitbringen konnte. Aber da war nichts, was auch nur den Anschein eines Geschenkes hatte. In seiner Not zündete der Hirtenknabe eine kleine Kerze an und suchte in jeder Ritze und in jeder Ecke. Doch alles Suchen war umsonst.

Da setzte er sich endlich mitten auf den Fußboden und war so traurig, dass ihm die Tränen an den Backen hinunterliefen. So bemerkte er auch nicht, dass ein anderer Hirte in den Stall gekommen war und vor ihm stehen blieb. Er erschrak richtig, als ihn der Hirte ansprach: „Da bringen wir dem König der Welt alle möglichen Geschenke. Ich glaube aber, dass du das allerschönste Geschenk hast!"

Erstaunt blickte ihn der Hirtenknabe mit verweinten Augen an. „Ich habe doch gar nichts!", sagte er leise.

Da lachte der Hirte und meinte: „Schaut euch diesen Knirps an! Da hält er in seiner Hand eine leuchtende Kerze und meint, er habe gar nichts!"

„Soll ich dem Kind vielleicht die kleine Kerze schenken?", fragte der Hirtenknabe aufgeregt.

„Ja!", antwortete der Hirte. „Sie ist hell und macht warm." Da stand der Hirtenknabe auf, legte seine Hand schützend vor die kleine Flamme und machte sich mit dem Hirten auf den Weg. Als die Hirten mit ihren Geschenken den Stall erreichten, war es dort kalt und dunkel.

Als aber der Hirtenknabe mit seiner kleinen Kerze den Stall betrat, da breitete sich ein Leuchten und eine Wärme aus, und alle konnten Maria und Josef und das Kind in der Krippe sehen. So knieten die Hirten vor der Krippe und beteten den Herrn der Welt an, das kleine Kind mit Namen Jesus. Danach übergaben sie ihre Geschenke. Der Hirtenknabe aber stellte seine Kerze ganz nah an die Krippe, und er konnte deutlich das Leuchten in Marias und Josefs Augen sehen.

„Das kleine Licht ist das allerschönste Geschenk!“, sagten die Hirten leise.

Und alle freuten sich an dem schönen Weihnachtslicht, das sogar den armseligen Stall warm und gemütlich machte. Der Hirtenknabe aber spürte, wie in ihm selbst eine Wärme aufstieg, die ihn immer glücklicher machte. Und wieder musste er weinen. Jetzt weinte er aber, weil er sich so glücklich fühlte.

Bis zum heutigen Tag zünden die Menschen vor Weihnachten Kerzen an, weil sie alle auf Weihnachten warten und ihnen das kleine Licht immer wieder Freude und Geborgenheit schenkt.

Die Weihnachtskrippe

Jesu Geburt unter dem Weihnachtsbaum

Die Krippe gehört zu unseren ältesten Weihnachtsbräuchen und geht schon auf den heiligen Franz von Assisi, der im 13. Jahrhundert lebte, zurück. Dieser hat allerdings noch keine kleinen Holzfigürchen von Maria, Josef und dem Jesuskind zusammen mit Ochs und Esel im Stall aufgestellt. Stattdessen ließ er echte Menschen und Tiere die Weihnachtsgeschichte nachstellen. So wollte er den Menschen die Geburt Jesu näherbringen.

Während sich diese Tradition in Form der lebendigen Krippe und des Krippenspiels ebenfalls bewahrt hat, fing man im 16. Jahrhundert schließlich an, Krippen aufzustellen, wie wir sie uns heute eher vorstellen. Lange Zeit war dies allerdings nur in Kirchen der Fall. Erst später fingen die Menschen an, auch in ihren Privathäusern für das Weihnachtsfest oder auch die gesamte Adventszeit Krippenfiguren aufzustellen.

Bis heute können die Weihnachtskrippen sehr unterschiedlich aussehen. Zum Beispiel sind zwar die meisten Krippen aus Holz, Ton oder Kunststoff, manchmal kommen aber auch ungewöhnlichere Materialien zum Einsatz: So können Papier, Metall, Stein, Glas, Stroh, Wachs oder sogar Eis dazu verwendet werden, uns an die Geburt Jesu und den Grund für das Weihnachtsfest zu erinnern.

Ihr Kinderlein, kommet

Text: Christoph von Schmid – Melodie: Johann Abraham Peter Schulz

2. O seht in der Krippe im nächtlichen Stall,
seht hier bei des Lichtleins hell glänzendem Strahl
in reinlichen Windeln das himmlische Kind,
viel schöner und holder als Engel es sind.

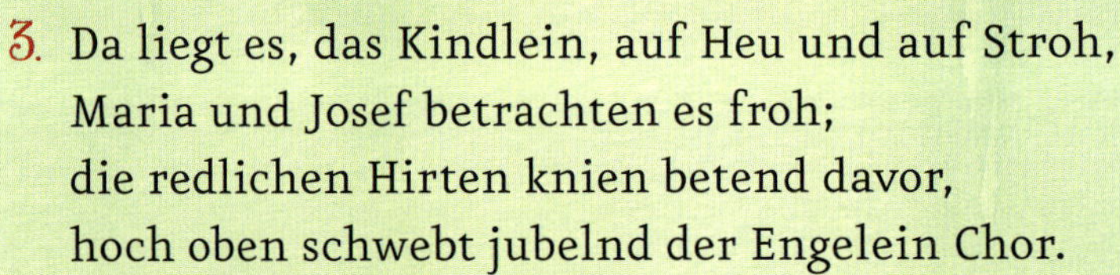

3. Da liegt es, das Kindlein, auf Heu und auf Stroh,
Maria und Josef betrachten es froh;
die redlichen Hirten knien betend davor,
hoch oben schwebt jubelnd der Engelein Chor.

4. O beugt wie die Hirten anbetend die Knie;
erhebet die Hände und danket wie sie!
Stimmt freudig, ihr Kinder, wer sollt sich nicht freun,
stimmt freudig zum Jubel der Engel mit ein!

Wir basteln süße Mini-Krippen

Material

Puderzucker
Zitronensaft
Butterkekse
Gummibärchen
Schokolinsen, Zuckerperlen etc.
Klarsichttütchen
Geschenkband
Tannenzweige

So wird's gemacht

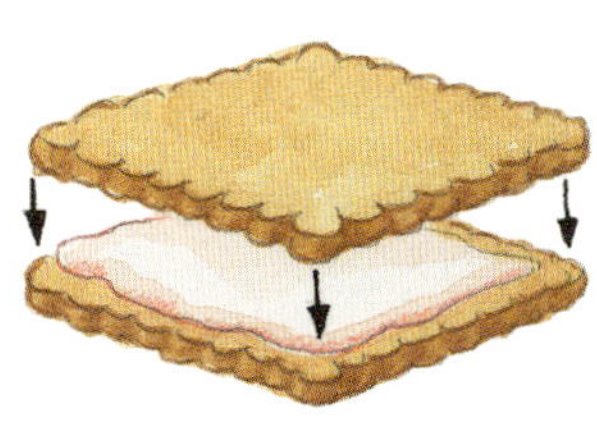

1. Aus Puderzucker und Zitronensaft einen dickflüssigen Zuckerguss herstellen und damit zwei Butterkekse aufeinanderkleben.

2. Auf dieser Basis Gummibärchen als Krippenfiguren festkleben. Besonders schön ist es, größere Gummibärchen als Maria und Josef zu verwenden und ein kleines als Jesuskind.
3. Zwei Butterkekse als Dach über die Krippe kleben und nach Belieben mit Süßigkeiten verzieren. Das Ganze gut trocknen lassen!
4. Je eine Mini-Krippe in ein Klarsichttütchen füllen und mit Geschenkband und je einem kleinen Tannenzweig zubinden – fertig ist ein schönes Adventsmitbringsel!

Stille Nacht, heilige Nacht

Text: Joseph Mohr – Melodie: Franz Xaver Gruber

2. Stille Nacht, heilige Nacht!
   Gottes Sohn, o wie lacht
   Lieb' aus deinem göttlichen Mund,
   da uns schlägt die rettende Stund,
   Christ in deiner Geburt!
   Christ in deiner Geburt!

3. Stille Nacht, heilige Nacht!
   Hirten erst kundgemacht;
   durch der Engel Halleluja
   tönt es laut von ferne und nah:
   Christ, der Retter, ist da!
   Christ, der Retter, ist da!

Die Weihnachtsgeschichte

nach Lukas 2,1–17

Es begab sich aber zu der Zeit, dass ein Gebot von dem Kaiser Augustus ausging, dass alle Welt geschätzt würde. Und jedermann ging, dass er sich schätzen ließe, ein jeglicher in seine Stadt.

Da machte sich auch Joseph aus Galiläa, aus der Stadt Nazareth, auf in das jüdische Land zur Stadt Davids, die da heißt Bethlehem, auf dass er sich schätzen ließe mit Maria, seinem vertrauten Weibe, die ward schwanger. Und als sie in Bethlehem waren, kam die Zeit, da sie gebären sollte. Und sie gebar ihren ersten Sohn und wickelte ihn in Windeln und legte ihn in eine Krippe; denn sie hatten sonst keinen Raum in der Herberge.

Und es waren Hirten in derselben Gegend auf dem Felde, die hüteten des Nachts ihre Herde. Und siehe, des Herrn Engel trat zu ihnen und sie fürchteten sich sehr. Und der Engel sprach zu ihnen: Fürchtet euch nicht! Siehe, ich verkünde euch große Freude, die allem Volk widerfahren wird; denn euch ist heute der Heiland geboren, welcher ist Christus, der Herr, in der Stadt Davids. Und das habt zum Zeichen: Ihr werdet finden das Kind in Windeln gewickelt und in einer Krippe liegen. Und alsbald war da bei dem Engel die Menge der himmlischen Heerscharen, die lobten Gott und sprachen: Ehre sei Gott in der Höhe und Frieden auf Erden und den Menschen ein Wohlgefallen. Und da die Engel wieder gen Himmel fuhren, sprachen die Hirten untereinander: Lasst uns nun gehen gen Bethlehem und die Geschichte sehen, die da geschehen ist, die uns der Herr kundgetan hat.

Und sie kamen eilend und fanden beide, Maria und Joseph, dazu das Kind in der Krippe liegen. Da sie es aber gesehen hatten, breiteten sie das Wort aus, welches zu ihnen von diesem Kinde gesagt war.

Christkind und Weihnachtsmann

Unsere geliebten Gabenbringer

Viele Kinder sind überzeugt, dass das Christkind die Weihnachtsgeschenke bringt. Andere glauben dasselbe vom Weihnachtsmann. Auffällig ist, dass vor allem Menschen in nördlichen Gefilden dem Mann mit dem Rauschebart zugeneigt sind und dass der Glauben an das zarte Christkind hauptsächlich im Süden verbreitet ist.

Dabei glaubten früher im Mittelalter alle daran, dass der heilige Nikolaus die Geschenke bringt. Martin Luther wollte aber die Bedeutung des Weihnachtsfestes und die Geburt Jesu hervorheben und stärkte den Glauben an den Heiligen Christ. Mit dem Christkind ist nämlich eigentlich das Jesuskind gemeint, auch wenn sich heute manche eher eine Art Engel vorstellen. Der Nikolaus ist in Form seines Vetters, des Weihnachtsmanns, dann auch irgendwie geblieben.

Und überhaupt teilen sich, wenn man über Deutschlands Grenzen hinausblickt, ziemlich viele Gabenbringer die Arbeit des Geschenke-Verteilens: In Italien übernimmt das zum Beispiel die Hexe Befana, in den Niederlanden der Sinterklaas und in Russland Väterchen Frost. Ihnen allen gemeinsam ist übrigens, dass sie immer nur den braven Kindern Geschenke bringen.

Worüber das Christkind lächeln musste

Karl Heinrich Waggerl

Als Josef mit Maria von Nazareth her unterwegs war, um in Bethlehem anzugeben, dass er von David abstamme, was die Obrigkeit so gut wie unsereins hätte wissen können, weil es ja längst geschrieben stand, – um jene Zeit also kam der Engel Gabriel heimlich noch einmal vom Himmel herab, um im Stalle nach dem Rechten zu sehen. Es war ja sogar für einen Erzengel in seiner Erleuchtung schwer zu begreifen, warum es nun der allererbärmlichste Stall sein musste, in dem der Herr zur Welt kommen sollte, und seine Wiege nichts weiter als eine Futterkrippe. Aber Gabriel wollte wenigstens noch den Winden gebieten, dass sie nicht gar zu grob durch die Ritzen pfiffen, und die Wolken am Himmel sollten nicht gleich wieder in Rührung zerfließen und das Kind mit ihren Tränen überschütten, und was das Licht in der Laterne betraf, so musste man ihm noch einmal einschärfen, nur bescheiden zu leuchten und nicht etwa zu blenden und zu glänzen wie der Weihnachtsstern.

Der Erzengel stöberte auch alles kleine Getier aus dem Stall, die Ameisen und Spinnen und die Mäuse, es war nicht auszudenken, was geschehen konnte, wenn sich die Mutter Maria vielleicht vorzeitig über eine Maus entsetzte! Nur Esel und Ochs durften bleiben, der Esel, weil man ihn später ohnehin für die Flucht nach Ägypten zur Hand haben musste, und der Ochs, weil er so riesengroß und so faul war, dass ihn alle Heerscharen des Himmels nicht hätten von der Stelle bringen können.

Zuletzt verteilte Gabriel noch eine Schar Engelchen im Stall herum auf den Dachsparren, es waren solche von der kleinen Art, die fast nur aus Kopf und Flügeln bestehen. Sie sollten auch bloß still sitzen und achthaben und sogleich Bescheid geben, wenn dem Kinde in seiner nackten Armut etwas Böses drohte. Noch ein Blick in die Runde, dann hob der Mächtige seine Schwingen und rauschte davon.

Gut so. Aber nicht ganz gut, denn es saß noch ein Floh auf dem Boden der Krippe in der Streu und schlief. Dieses winzige Scheusal war dem Engel Gabriel entgangen, versteht sich, wann hätte auch ein Erzengel je mit Flöhen zu tun!

Als nun das Wunder geschehen war, und das Kind lag leibhaftig auf dem Stroh, so voller Liebreiz und so rührend arm, da hielten es die Engel unterm Dach nicht mehr aus vor Entzücken, sie umschwirrten die Krippe wie ein Flug Tauben. Etliche fächelten dem Knaben balsamische Düfte zu und die anderen zupften und zogen das Stroh zurecht, damit ihn ja kein Hälmchen drücken oder zwicken möchte.

Bei diesem Geraschel erwachte aber der Floh in der Streu. Es wurde ihm gleich himmelangst, weil er dachte, es sei jemand hinter ihm her, wie gewöhnlich. Er fuhr in der Krippe herum und versuchte alle seine Künste und schließlich, in der äußersten Not, schlüpfte er dem göttlichen Kinde ins Ohr.

„Vergib mir!", flüsterte der atemlose Floh. „Aber ich kann nicht anders, sie bringen mich um, wenn sie mich erwischen. Ich verschwinde gleich wieder, göttliche Gnaden, lass mich nur sehen, wie!"

Er äugte also umher und hatte auch gleich seinen Plan. „Höre zu", sagte er, „wenn ich alle Kraft zusammennehme und wenn du stillhältst, dann könnte ich vielleicht die Glatze des heiligen Josef erreichen und von dort weg kriege ich das Fensterkreuz und die Tür ..."

„Spring nur!", sagte das Jesukind unhörbar. „Ich halte still!"

Und da sprang der Floh. Aber es ließ sich nicht vermeiden, dass er das Kind ein wenig kitzelte, als er sich zurechtrückte und die Beine unter den Bauch zog.

In diesem Augenblick rüttelte die Mutter Gottes ihren Gemahl aus dem Schlaf. „Ach, sieh doch!", sagte Maria selig. „Es lächelt schon!"

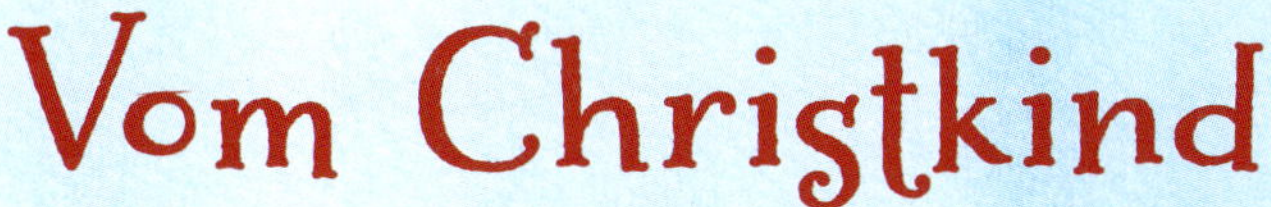

Vom Christkind

Anna Ritter

Denkt euch, ich habe das Christkind gesehen!
Es kam aus dem Walde, das Mützchen voll Schnee,
mit rotgefrorenem Näschen.
Die kleinen Hände taten ihm weh,
denn es trug einen Sack, der war gar schwer,
schleppte und polterte hinter ihm her.
Was drin war, möchtet ihr wissen?
Ihr Naseweise, ihr Schelmenpack –
denkt ihr, er wäre offen, der Sack?
Zugebunden bis obenhin!
Doch war gewiss etwas Schönes drin!
Es roch so nach Äpfeln und Nüssen!

Bauernweisheit

Ist es grün zur Weihnachtsfeier,
fällt der Schnee auf Ostereier.

Weihnachten in Russland

Rena Sack

An einem Nachmittag im Dezember, als es draußen schon dunkel ist, sitzen Irina und Sergej mit ihrer Babuschka zusammen. Babuschka, so nennen die russischen Kinder ihre Großmutter.

Vor dem Fenster wirbeln dicke Flocken und türmen den Schnee auf dem Sims höher und höher. Die drei haben es sich im Zimmer gemütlich gemacht. Auf dem Tisch steht eine Schale mit Plätzchen und aus Gläsern dampft Tee. Irina knackt Nüsse und schwärmt von dem großen Tannenbaum, den sie heute auf dem Roten Platz gesehen hat: „Der Schnee auf seinen Zweigen hat geglitzert wie im Wintermärchen. Viele Leute sind stehen geblieben und haben den schönen Baum bewundert."

Die Großmutter lächelt.

„Im Einkaufszentrum hat heute ‚Väterchen Frost' mit seiner Helferin ‚Schneeflöckchen' Bonbons verteilt", berichtet Sergej und sucht in seiner Hosentasche nach einem klebrigen Rest.

Nachdenklich sagt Großmutter: „Früher war es Sankt Nikolaus, der den Kindern Süßigkeiten schenkte."

Irina fällt ein, was sie Großmutter unbedingt sagen muss: „Weißt du, dass ich bei der Schulaufführung ein Schneeflöckchen spiele?" Großmutter weiß es noch nicht und freut sich mit ihr.

Irina beschreibt ihr das weiße Kostüm mit Glitzer, das sie als „Snegorochka", als Schneeflöckchen, tragen wird. „Wenn wir das Stück im Volkshaus aufführen, musst du unbedingt kommen", drängt sie die Großmutter.

Die Babuschka verspricht es und will wissen, ob der alte Lehrer Krylow auch in diesem Jahr wieder das Väterchen Frost spielt.

Irina nickt und sagt: „Wie immer im gleichen Kostüm."

Die drei lachen, denn der alte Lehrer spielt Väterchen Frost am lustigsten. Dafür pflegt er das Jahr über sorgfältig seinen weißen Bart und poliert die hohen schwarzen Stiefel, die zum Kostüm gehören. Sergej überlegt, ob ihm die rote Robe noch passen wird. Im Vorjahr umspannte sie seinen Bauch so eng, dass die Nähte zu platzen drohten.

„Aber er spielt Väterchen Frost mit viel Herz – und das ist schön", sagt die Großmutter.

Wie jedes Jahr warten die Kinder darauf, dass Babuschka ihnen eine Geschichte erzählt. Irina wünscht sich eine alte Geschichte, eine von früher. Großmutter gießt Tee nach und fragt: „Habe ich euch schon von Babuschka erzählt?"

„Von deiner Babuschka?", will Sergej wissen.

Großmutter schüttelt den Kopf. „Von einer besonderen Babuschka. Früher kannte sie hier jedes Kind. Sie lebte vor langer, langer Zeit irgendwo weit draußen, allein in einer kleinen Hütte. An einem kalten Wintertag, es hatte schon tüchtig geschneit, war Babuschka beim Großreinemachen. Sie hatte alles zur Seite gerückt und die Stühle auf den Tisch gestellt. Gerade als sie kniend den Fußboden schrubbte, klopfte es. Mühsam erhob sie sich, wischte die Hände an der Schürze ab und öffnete die Tür. Draußen standen drei

Fremde in prächtigen Gewändern. Höflich baten sie die alte Frau, mit ihnen zu kommen, um ihnen den Weg zu zeigen.

Als Babuschka sich nicht rührte, sagten die Fremden: ‚Wir sind einem großen Stern gefolgt, der heller strahlt als alle Sterne. Jetzt ist der Himmel verhangen und wir haben den Weg verloren.‘ Sie sprachen von einer Stadt mit Namen Bethlehem. Dort sei ein Kind geboren, ein besonderes Kind, das alle Welt erfreuen würde. Und sie sagten: ‚Wir müssen den Weg dorthin finden. Kannst du uns dabei helfen?‘

Die Babuschka traute den prächtig gekleideten Fremden nicht. Ganz gegen ihre Gewohnheit bot sie ihnen weder einen Erfrischungstrunk noch Speisen an. Sie hatte keine Lust, mit der Arbeit aufzuhören. Und sie wollte bei der Kälte ihre warme Hütte nicht verlassen, um nach einem Weg zu suchen. So gingen die Fremden alleine weiter. Als sie gegangen waren, fand Babuschka keine Ruhe mehr. Sie konnte ihre Arbeit nicht beenden und konnte nicht mehr schlafen. Schließlich machte sie sich auf den Weg, um die Fremden einzuholen und mit ihnen das Kind zu finden. Inzwischen war neuer Schnee gefallen, der hatte alle Spuren zugedeckt. Die Babuschka lief und lief. Aber sie fand den Weg nach Bethlehem nicht. Seitdem wandert sie über die Erde und sucht das Christkind. Man sagt, sie sucht es noch immer. Auf ihrer Wanderung beschenkt sie die Kinder. An den Kleinen möchte sie wiedergutmachen, was sie damals versäumt hat.“

Großmutter nimmt einen Schluck Tee und sagt: „Das ist wirklich eine sehr alte Geschichte. Früher haben die Mütter sie den Kindern erzählt. Und wenn die Kinder erwachsen waren, erzählten sie die Geschichte ihren Kindern weiter. Darum warteten alle Kinder in der Weihnachtszeit auf Babuschka und hofften, dass sie in der Nacht käme und ihnen Geschenke brächte.“

Irina und Sergej wollen wissen: „Hast du auch auf sie gewartet?“

Die Großmutter lacht: „Na, glaubt ihr, ich hätte mir nichts Süßes gewünscht?“

O du fröhliche

Text: Daniel Falk und Heinrich Holzschuher – Melodie: Sizilianische Volksweise

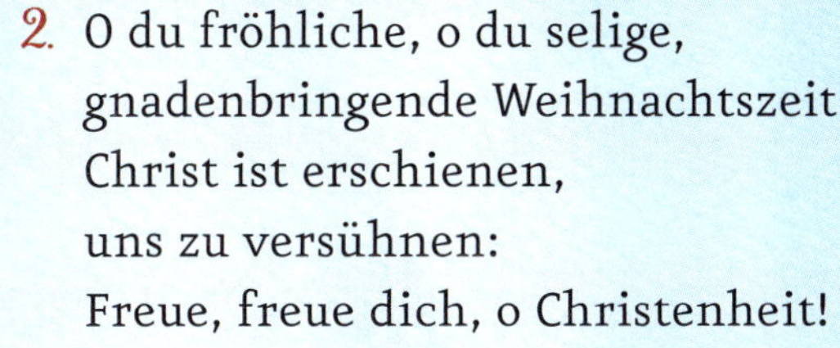

2. O du fröhliche, o du selige,
gnadenbringende Weihnachtszeit!
Christ ist erschienen,
uns zu versühnen:
Freue, freue dich, o Christenheit!

3. O du fröhliche, o du selige,
gnadenbringende Weihnachtszeit!
Himmlische Heere,
jauchzen dir Ehre:
Freue, freue dich, o Christenheit!

Die Heiligen Drei Könige

Heinrich Heine

Die Heil'gen Drei Könige aus dem Morgenland,
sie frugen in jedem Städtchen:
„Wo geht der Weg nach Bethlehem,
ihr lieben Buben und Mädchen?"
Die Jungen und Alten, sie wussten es nicht,
die Könige zogen weiter,
sie folgten einem goldenen Stern,
der leuchtete lieblich und heiter.
Der Stern blieb stehn über Josefs Haus,
da sind sie hineingegangen;
das Öchslein brüllte, das Kindlein schrie,
die Heil'gen Drei Könige sangen.

Bauernweisheit

Heiligdreikönig sonnig und still,
Winter vor Ostern nicht weichen will.

Die Weisen aus dem Morgenland

Und sie folgten dem Stern ...

Am 6. Januar steht im Kalender „Heilige Drei Könige". Gemeint sind die drei Männer aus dem Morgenland, deren Geschichte im Matthäus-Evangelium erzählt wird. Sie folgten einem Stern, der sie schließlich zu Jesus führte. Aber waren sie tatsächlich Könige? Genau weiß man das nicht. Es kann auch gut sein, dass es sich eigentlich um Sterndeuter und Gelehrte handelte. Sicher ist, dass die Namen Caspar, Melchior und Balthasar erst im 6. Jahrhundert aufkamen und dass sie in verschiedenen Kulturkreisen manchmal auch anders genannt werden.

Da die drei Weisen für die heidnischen Völker stehen, ist es übrigens durchaus etwas Besonderes, dass sie zum Jesuskind reisten, um diesem neugeborenen König zu huldigen. Darüber hinaus brachten sie sehr symbolträchtige Geschenke mit sich: Gold als das angemessene Geschenk für einen König, Weihrauch für den Hohepriester und die kostbare Heilpflanze Myrrhe für den von Gott gesandten Heiler.

Durch diese Geschenke begründeten die Heiligen Drei Könige außerdem die Tradition des Schenkens zu Weihnachten. Und auch die allgegenwärtigen Sternsymbole in der Advents- und Weihnachtszeit gehen auf die Weisen und den Stern, dem sie folgten, zurück. So sehen wir die Spuren der Weisen aus dem Morgenland in der Weihnachtszeit viel öfter, als uns überhaupt bewusst ist.

Quellenverzeichnis

Wir danken nachstehenden AutorInnen und Verlagen für die freundlich erteilte Abdruckerlaubnis:

Bolliger, Max: „Eine Wintergeschichte", aus: ders., Wunder geschehen ganz leise, © 2017 Verlag am Eschbach ein Unternehmen der Verlagsgruppe Patmos in der Schwabenverlag AG, ISBN 978-3-86917-566-9, www.verlag-am-eschbach.de

Bröger, Achim: „Alles sehr merkwürdig", © Rechte beim Autor

Ferschl, Maria / Rohr, Heinrich: „Wir sagen euch an den lieben Advent", © Verlag Herder GmbH, Freiburg

Fuchshuber, Annegert: „Die Nikolausstiefel", © Verlag Ernst Kaufmann, Lahr

Hundertschnee, Nina: „Kufenzauber mit Knacks", © Rechte bei der Autorin

Krenzer, Rolf: „Die Geschichte vom Weihnachtslicht", aus: ders., Weihnachten im Kindergarten, © Verlag Ernst Kaufmann, Lahr

Mauder, Katharina: „Bratäpfel mit Vanillesoße" und „Fruchtiger Adventstee", aus: dies. (Hg.), Und überall auf den Tannenspitzen. Ein nostalgischer Adventskalender, © Verlag Ernst Kaufmann, Lahr

Sack, Rena: „Weihnachten in Russland", aus: dies., Weihnachten in aller Welt, © Verlag Ernst Kaufmann, Lahr

Scheffler, Ursel: „Vorweihnachtstrubel", © Rechte bei der Autorin

Schreiber-Wicke, Edith: „Weihnachtspost", aus: dies., Wünsche ans Christkind: Eine zauberhafte Weihnachtsgeschichte, © 2013 Coppenrath Verlag GmbH & Co. KG, Münster

Schweiggert, Alfons: „Die Geschichte von den streitenden Adventskerzen", aus: Rolf Krenzer, Vorlesezeit im Kindergarten, © Verlag Ernst Kaufmann, Lahr (edition kemper)

Schupp, Renate: „Der Schächtelchen-Kalender", © Rechte bei der Autorin

Spang, Antonia: „Gewürz-Elche", „Haselnussküsschen", „Kometenschnelle Zimtsterne", „Kunterbuntes Buttergebäck", „Lebkuchenhaus" und „Schoko-Knusperberge", © Rechte bei der Autorin

Vahle, Fredrik: „Der kleine Bär und die lange, kalte Winternacht", © Rechte beim Autor

Von Vogel, Maja: „Annes Weihnachtszug", © Rechte bei der Autorin

Waggerl, Karl Heinrich: „Worüber das Christkind lächeln musste", aus: Karl Heinrich Waggerl, Sämtliche Weihnachtserzählungen, © Otto Müller Verlag, 3. Auflage, Salzburg 2017

Bildnachweis

Cover
links © Gerhard Seybert, Fotolia.com, Mitte © Alexander Hoffmann, Fotolia.com, rechts © Elena Schweitzer, Fotolia.com

Inhalt
S. 8 links © Radim Strojek – Fotolia.com, S. 8 Mitte © Gorilla – Fotolia.com, S. 8 rechts © Stefan Körber – Fotolia.com, S. 9 Mitte © Shirinov Angela.com, S. 9 rechts © Maksym Gorpenyuk – Fotolia.com, S. 13 links © Fulcanelli – Fotolia.com, S. 13 Mitte © Dreadlock – Fotolia.com, S. 13 rechts © Marina Lohrbach – Fotolia.com, S. 14 © Fotofreundin – Fotolia.com, S. 16 © jackwusel – Fotolia.com, S. 17 links © Dinadesign – Fotolia.com, S. 17 Mitte © keller – Fotolia.com, S. 17 rechts © nickolya – Fotolia.com, S. 18 © kamil boberski – Fotolia.com, S. 31 © Quade – Fotolia.com, S. 32 links © Stefan Körber – Fotolia.com, S. 32 Mitte © dayves – Fotolia.com, S. 32 rechts © lisalucia – Fotolia.com, S. 33 Mitte © Ina Schoenrock – Fotolia.com, S. 33 rechts © J. Hansmann – Fotolia.com, S. 35 links, © K.-P. Adler – Fotolia.com, S. 35 Mitte © eyetronic – Fotolia.com, S. 35 rechts © Dhoxax – Fotolia.com, S. 37 links © O.K. – Fotolia.com, S. 37 Mitte © lagom – Fotolia.com, S. 37 rechts © Printemps – Fotolia.com, S. 38 © cirquedesprit – Fotolia.com, S. 42 links © Daelin – Fotolia.com, S. 42 Mitte © Renate Flormann – Fotolia.com, S. 42 rechts © 200509313 – Fotolia.com, S. 43 © Paylessimages – Fotolia.com, S. 45 © Jenny Sturm – Fotolia.com, S. 46 links © K.– P. Adler – Fotolia.com, S. 46 Mitte © britta60 – Fotolia.com, S. 46 rechts © Jeanette Dietl – Fotolia.com, S. 47 Mitte © Gina Sanders – Fotolia.com, S. 47 rechts © photocrew – Fotolia.com, S. 54 rechts © sandra zuerlein – Fotolia.com, S. 55 links © Stefan Körber – Fotolia.com, S. 55 Mitte © zatletic – Fotolia.com, S. 55 rechts © Christian Jung – Fotolia.com, S. 58 © Elena Schweitzer – Fotolia.com, S. 60 links © Konstiantyn – Fotolia.com, S. 60 Mitte © Jeanette Dietl – Fotolia.com, S. 60 rechts © adimas – Fotolia.com, S. 61 Mitte © Stauke – Fotolia.com, S. 61 rechts © yanlev – Fotolia.com, S. 66 © Viktorija – Fotolia.com, S. 67 links © Shtuki Crew – Fotolia.com, S. 67 Mitte © contrastwerkstatt – Fotolia.com, S. 67 rechts © Gennadiy Poznyakov – Fotolia.com, S. 70 links © ChaotiC_PhotographY – Fotolia.com, S. 70 Mitte © zwiebackesser – Fotolia.com, S. 70 rechts © eAlisa – Fotolia.com, S. 71 © simsalabin1 – Fotolia.com, S. 80 links © Herby (Herbert) Me – Fotolia.com, S. 80 Mitte © Daniel Bujack – Fotolia.com, S. 80 rechts © Jeanette Dietl – Fotolia.com, S. 81 Mitte © B. and E. Dudzinscy – Fotolia.com, S. 81 rechts © Spofi – Fotolia.com, S. 83 © Kaufmann Verlag, S. 85 © Ina Schoenrock – Fotolia.com, S. 86 © Kaufmann Verlag, S. 95 © Heike Rau – Fotolia.com, S. 96 links © pressmaster – Fotolia.com, S. 96 Mitte © Malena und Philipp K – Fotolia.com, S. 96 rechts © BeTa-Artworks – Fotolia.com, S. 97 © victoria p. – Fotolia.com, S. 104 links © digieye – Fotolia.com, S. 104 Mitte © Alexander Hoffmann – Fotolia.com, S. 104 rechts © lily – Fotolia.com, S. 105 Mitte © micromonkey – Fotolia.com, S. 105 rechts © reinobjektiv – Fotolia.com, S. 111 links © Marius Graf – Fotolia.com, S. 111 Mitte © Alexander Hoffmann – Fotolia.com, S. 111 rechts © Anyka – Fotolia.com, S. 113 © Elena Schweitzer – Fotolia.com, S. 116 links © 21051968 – Fotolia.com, S. 116 Mitte © Alexander Hoffmann – Fotolia.com, S. 116 rechts © unikat – Fotolia.com, S. 125 links © Dmytro Korolov – Fotolia.com, S. 125 Mitte © laufer – Fotolia.com, S. 125 rechts © Andreas P – Fotolia.com